Die Lese Ideenkiste

Verlag an der Ruhr

Impressum

Titel: Die Lese-Ideenkiste
Autorin: Ulla Ehrmann
Fotografien: Bert Butzke
Zeichnung (S. 16): Dipl. Ing. Klaus Legner
Druck: Druckerei Uwe Nolte, Iserlohn
Verlag: Verlag an der Ruhr
Postfach 102251, D-45422 Mülheim an der Ruhr
Alexanderstr. 54, D-45472 Mülheim an der Ruhr
Tel.: 0208 – 439 54 50, Fax: 0208 – 439 54 39
E-Mail: info@verlagruhr.de
www.verlagruhr.de

ISBN 3-86072-579-3

Die Schreibweise der Texte folgt der reformierten Rechtschreibung.

Gedruckt auf chlorfrei gebleichtes Papier.

Inhaltsverzeichnis

Inhaltsverzeichnis

Was erwartet Sie?

„So viele gute Ideen, wie man für einen spannenden, alle Aspekte berücksichtigenden Unterricht benötigt, kann man gar nicht alleine haben", ist die wichtigste Erfahrung, die ich als Grundschullehrerin gemacht habe. Zum Glück braucht man auch nicht alle Ideen selbst zu haben, denn ein beträchtlicher Teil der Kolleginnen und Kollegen ist bereit, die eigene Klassentür zu öffnen. Nachdem ich lange Jahre an einer Sonderschule für Erziehungshilfe mit 12- bis 17-jährigen Jungen gearbeitet hatte, habe ich diese Kooperationsbereitschaft der innovationsfreudigen Kollegen als wesentlichen Motor für das Leben und Lernen an der Grundschule schätzen gelernt. Viele Tipps und Anregungen, die sich auf den folgenden Seiten finden, haben ihren Ursprung im kollegialen Austausch.

Nicht alles, was ich zu Papier gebracht habe, ist neu für erfahrene Lehrerinnen und Lehrer. Aber: Lesen und Erleben über vier Jahre lang in den Mittelpunkt des Schulalltags zu stellen, scheint mir ein noch wenig praktizierter, jedoch viel versprechender Ansatz zu sein. Von Anfang an sollen Erstklässler bei mir Lesen als Abenteuer erfahren, das ihre Fantasie beflügelt und ihnen Wege in ein unbekanntes Land mit grenzenlosen Möglichkeiten eröffnet.

Sichtet man die Literatur und das Fortbildungsangebot zum Thema „Lesen in der Schule", so zeigt sich, dass das Angebot hinsichtlich des Lesenlernens mit Büchern nicht sehr umfangreich ist. Dies ist, angesichts der Tatsache, dass die mangelnde Bereitschaft zu lesen und der Rückgang der Lesefähigkeit allenthalben beklagt wird, erstaunlich.

Ich zeige im Folgenden einen möglichen Weg, Kinder mit allen Mitteln zum Lesen in der Schule und zu Hause zu verlocken. Das stille Lesen ganzer Bücher in der Klasse lernen meine Schülerinnen und Schüler bereits im ersten Schuljahr. Wie ich dieses Ziel anbahne und weiter entwickle, beschreibe ich durch Einblicke in meinen Unterrichtsalltag.

Dieses Buch kann auf verschiedene Weise genutzt werden:

⇨ Es kann als **Ideenkiste** gesehen werden, mit der sich Unterricht rund ums Buch vom ersten Schultag an bis zum ersten Halbjahr der dritten Klasse realisieren lässt.

⇨ Es enthält **Anregungen zu einzelnen Kinderbüchern** bzw. zu **bestimmten Aspekten des Lernens**, die herausgegriffen werden können. Selbstbestimmtes Lernen im fächerübergreifenden Werkstattunterricht; entdeckendes, handlungsorientiertes Lernen unter Beteiligung aller Sinne; Mind-Mapping mit Kindern; Elemente der Reggio-Pädagogik und nicht zuletzt das soziale Lernen sind Aspekte, die hier zur Sprache kommen.

⇨ Kolleginnen und Kollegen, die erste Schritte wagen wollen, mit Kindern **gemeinsames Lernen in einer Atmosphäre offenen Unterrichts** zu planen und zu realisieren, erfahren, wie dies im Schulalltag ohne großen Aufwand realisiert werden kann.

⇨ **Praktische Tipps zur Organisation und Klassenraumgestaltung** zeigen, dass Formen des Werkstattunterrichts bei fast allen räumlichen Voraussetzungen realisiert werden können.

⇨ Last not least erhalten **Eltern** einen **Einblick in den schulischen Alltag**. Sie finden Anregungen, wie sie ihren möglicherweise wenig „lese-lustigen" Nachwuchs zu Hause zum Lesen anstiften können. Der Griff zum Buch soll den Kindern Spaß machen!

Zum Schreiben dieses Buches habe ich mich von meinem früheren Schulleiter Ulrich Hecker anstiften lassen. Er hat mich mit Rat und Tat dabei unterstützt. Danke Ulli! Die beiden Mitarbeiterinnen der Bibliothekszweigstelle in Moers/Kapellen Dorothee Culm und Ute Kleintges haben durch ihr zuverlässiges Engagement vieles rund ums Buch erst möglich gemacht. Auch ihnen gilt mein Dank. Der Diplomingenieur und Architekt Klaus Legner hat freundlicherweise eine Perspektive meines Klassenraums gezeichnet, die es den Leserinnen und Lesern ermöglicht, sich ein Bild von den räumlichen Gegebenheiten zu machen (siehe S.16 ff.). Ihm danke ich für die freundliche Unterstützung.

Meine Schulleiterin Elke Schulz möchte ich besonders erwähnen. Von ihr habe ich Wichtiges für die Grundschule gelernt. Sie hat für neue Ideen stets ein offenes Ohr, räumt bürokratische Hindernisse aus dem Weg und bietet Unterstützung in kürzester Zeit. Sehr wichtig für ein lebendiges Schulleben!

Besonders am Herzen liegt mir, den Kindern zu danken. Es macht so viel Spaß mit euch das Haus des Lernens zu gestalten. Das Schönste ist, dass ihr mir immer wieder das Staunen neu schenkt. Das Staunen darüber, was Kinder alles können, wenn man sie nur lässt.

Ulla Ehrmann

1. Lust aufs Lesen?

Wolfgang, der Zivildienstleistende, verblüffte Kinder, Eltern und Lehrerinnen der Klasse stets aufs Neue. Staunend beobachteten wir, wie er mit einem Buch in der Hand lesend durch die Felder zur Bushaltestelle ging. In Lektüre vertieft lief er durch die langen Flure der Schule, ohne dabei auch nur zu stolpern. Bücher schmökernd genoss er die Pausen. Jede freie Minute nutzte er, sich der Literatur zu widmen und darin zu versinken. Seine Liebe zum Buch: ein Phänomen, das sich wohltuend von den in den Medien publizierten Trends abhob.

Die Bertelsmann-Stiftung hat in den Jahren 1995–1997 eine **Untersuchung zum Lesen** und dem **Umgang mit Büchern** in Deutschland durchgeführt. (vgl. Harmgarth: „Das Lesebarometer"). Nach dieser Bestandsaufnahme nimmt Deutschland im internationalen Vergleich der täglichen Leser den letzten Platz ein. Nur 18% der Deutschen greifen täglich zum Buch, im Gegensatz etwa zu Briten (49%), Niederländern (47%) oder Franzosen (40%). Vergleicht man den Leseranteil derjenigen, die mindestens ein Buch im Jahr lesen, so finden sich die Bildungsbürger aus dem Land der Dichter und Denker auf einem der mittleren Plätze wieder (vgl. ebd. S.18f.). Für das Leseverhalten junger Menschen ermittelte die Untersuchung, dass die Leselust mit zunehmendem Alter beständig sinkt. Fünf Prozent der Erst- und Zweitklässler lesen sehr selten oder nie, 7% sind es in den Klassen 3–6 und schon 25% in den Klassen 7 bis 10 (vgl. ebd. S. 22). Die Amerikaner, die der Leseforschung einen weiten Stellenwert einräumen, haben einen Teil ihrer diesbezüglichen Ergebnisse im „**Report of the Commission of Reading**" zusammengestellt. In diesem Bericht ist nachzulesen, dass amerikanische Kinder heute noch 6–8 Minuten auf das stille Lesen in der Schule verwenden und nur ca. 1% ihrer Freizeit dem Lesen widmen. (vgl. Bamberger: „Leseförderung", in Brügelmann: „Schriftwelten im Klassenzimmer", S. 75). Fernsehen, Videos, PC und Internet sind mächtige Konkurrenten, gegen die sich das Buch nur schwach behaupten kann. Hier ist Schule gefordert. Nicht nur die weiterführenden Schulen, auch die Grundschule muss sich der didaktischen Diskussion um eine erfolgreiche Leseförderung stellen.

Doch was versteckt sich hinter den plakativen Begriffen **„Leselust"** und **„Leidenschaft fürs Lesen"**?

⇨ Michael Ende beschreibt Lesen als einen Zustand, der in „*... der* *völligen Hingabe an ein Buch, in dem man die Welt um sich vergisst und am Leben der bewunderten Gestalten teilnimmt"* gipfelt (Franz: „Was Kinder wirklich lesen", in: Beisbart: „Leseförderung und Leseerziehung", S. 82).

⇨ Walter Benjamin erinnert sich an seine kindliche Lesefaszination mit den folgenden Worten: *„Für eine Woche war man gänzlich dem Treiben des Textes anheimgegeben, das mild und heimlich, dicht und unablässig, wie Schneeflocken einen umfing..."* (Franz, a.a.O).

Diese Freude am Lesen, die Michael Ende und Walter Benjamin beschreiben, ist ein Schatz, der nicht hoch genug zu bewerten ist. Kann Schule diese Freude anbahnen? Wenn ja, welche Wege müssen beschritten werden, um Kindern die Chance zu eröffnen, Leselust und Leidenschaft für Bücher zu entwickeln?

2. Bessere Leser sind bessere Lerner

In einem sehr lesenswerten Aufsatz zum Thema „Leseförderung und Leseerziehung" von Bamberger stellt der Autor neue Einblicke in die **Bedeutung des Lesens für das Denken** dar. Er bezieht sich dabei auf Untersuchungen aus dem englischen, besonders dem amerikanischen Sprachraum. Leseforschung hat in diesen Ländern einen weitaus größeren Stellenwert als hierzulande. Die Forschung zum Umgang mit Texten im deutschsprachigen Raum bezeichnet Bamberger in diesem Zusammenhang ausdrücklich als spärlich.

Bamberger bezieht sich auf amerikanische Studien und verweist darauf, dass Lesen unabhängig vom Lesestoff ein entscheidender Faktor in der Entwicklung der Anlagen des Kindes ist. Versteht man Lesen als Element des Denkprozesses, so zeigt sich, dass es Verstehen und Denken schult. Diese wünschenswerte Wirkung stellt sich ein, da Lesen Anforderungen an die bildschöpferische Kraft stellt, Fantasie weckt, Leser und Leserinnen anregt in der Welt des Buches aufzugehen und ihr Gefühlsleben anspricht. Der Leser ist nicht nur

Empfänger, wie beim passiven Fernsehen, sondern er muss selber aktiv werden und das Gelesene gedanklich umsetzen. „Vom Lesen als Denkprozess her gesehen ist auch zu verstehen, dass **bessere Leser bessere Lerner** sind" (Bamberger: „Leseförderung", in: Brügelmann: „Schriftwelten im Klassenzimmer", S. 76).

Angesichts dieser Erkenntnisse scheint es zwingend, den Kindern in der Schule das Lesen von Anfang an so wertvoll wie möglich zu machen. Ermutigung und Erfolgserlebnisse auf dem abwechslungsreichen, manchmal mühsamen Weg des Lesenlernens sollten das Ziel haben, eine **lebenslange Lesemotivation** in möglichst vielen Kindern zu wecken.

3. Bücherlesen lernt man durch Bücherlesen

Wichtige Anregungen zur Diskussion über unterschiedliche **Wege der Leseförderung** fand ich in einem Aufsatz von Beisbart und Sahr. Die Autoren verweisen auf eine kontroverse didaktische Diskussion um die Arbeit mit Lesebuchtexten. Beisbart und Sahr werfen den Lehrerinnen und Lehrern an der Grundschule unter anderem vor, dass sie sich zu lange im Aufgabenfeld der „Literarisierung" mit einer grundlegenden (technischen) Lesefertigkeit zufrieden gegeben hätten und überwiegend mehr oder weniger verknappte Kurztexte (Lesebuchtexte) im Unterricht einsetzten (vgl. Beisbart/Sahr: „Buchlektüre im Unterricht der Grundschule", in Beisbart: „Leseförderung und Leseerziehung", S. 112 ff.).

Angesichts der Herausforderungen des Medienzeitalters und der Konkurrenz von Fernsehen, Video und Computer für das Buch fordern sie, die große Breite des Angebots ansprechender und anspruchsvoller Literatur als Chance im Unterricht zu nutzen. Beisbart und Sahr schlussfolgern aus dem Wissen über die Wichtigkeit einer kindgemäßen und intensiven

Förderung des Lesens: **„Bücher lesen lernt man nur durch das Lesen von ganzen Büchern"** (Beisbart/Sahr a.a.O.).

In diesem Zusammenhang ist eine Untersuchung interessant, die in mehreren hundert österreichischen Klassen durchgeführt wurde. Die Österreicher verglichen in dem **Forschungsprojekt** verschiedene Möglichkeiten der Leseförderung miteinander. Die Steigerung der Leseleistung der beteiligten Kinder sollte gemessen und empirisch belegt werden.

Über den Zeitraum eines halben Jahres las eine Gruppe in der Schule und zu Hause Texte aus einem Lesebuch. Die weitere häusliche Lektüre wurde den Schülerinnen und Schülern selbst überlassen. Die **Leseleistung** dieser Kinder steigerte sich im Versuchszeitraum um ca. 4%.

Eine zweite Gruppe wurde im Beobachtungszeitraum mit allen erreichbaren Lesematerialien versorgt, vorzugsweise mit Taschenbüchern. Die Leseleistung dieser Kinder steigerte sich im Versuchszeitraum im Durchschnitt um 24% (vgl. Bamberger: „Leseförderung", in: Brügelmann: „Schriftwelten im Klassenzimmer", S. 75 ff.).

Ein unglaublicher Erfolg, wie Bamberger resümiert (ebd. S. 77). Er führt ihn darauf zurück, dass Kinder, die Texte im Lesebuch lesen, wöchentlich 500–1000 Wörtern begegnen. Bis zu 50 000 sind es, wenn sie auch Texte aus Zeitschriften und Jugendbüchern lesen, zu deren Lektüre sie in der Schule angeregt werden. Das Fazit des Forschungsprojekts fasst Bamberger so zusammen: **„Lesen lernt man durch Lesen"** (ebd. S. 76).

Welche **Konsequenzen** ergeben sich aus den empirisch belegten Ergebnissen für die Praxis der Leseförderung in der Grundschule? Muss der Bereich des Lesens in Kinder- und Jugendbüchern bei den knappen zeitlichen Ressourcen, der Fülle der zu vermittelnden Fähigkeiten und Inhalte ausgeweitet werden? Wenn ja, wie kann ein Konzept aussehen, das die Leseförderung zum zentralen Anliegen des Unterrichts macht, ohne die anderen Schwerpunkte schulischen Lernens zu vernachlässigen?

4. Leseforschung als didaktische Herausforderung

Die Erkenntnis der oben genannten Untersuchung, nach der die Leseleistung bei den Kindern um durchschnittlich 24% innerhalb eines halben Jahres gesteigert werden konnte, verstand ich als Herausforderung für meinen Unterricht. Zog ich die Ergebnisse der Leseforschung hinzu, die den Zusammenhang zwischen der Lesefähigkeit und der Entwicklung des Denkens nachweist, so lag auf der Hand, im Unterricht den **Stellenwert der Leseförderung** zu **erhöhen** und zum zentralen Anliegen über den gesamten Zeitraum des Grundschulunterrichts auszubauen. Sensibilisiert für die Bedeutung des Lesens für das Denken und Lernen, weitete ich die Zeit des Lesens und Vorlesens in der Schule konsequent aus. Dabei bemühte ich mich, die Kinder durch vielfältige Anregungen auch zum Lesen im häuslichen Bereich anzustiften.

Ohne die anderen Bereiche des Lernens in der Schule zu vernachlässigen, wurde dies möglich, indem ich Bilderbücher, Kinderbücher und Sachbücher konsequent mit allen aktuellen Themen verknüpfte. Dieses methodische Vorgehen machte den Kindern das Angebot, das Wesen des Lesens so zu erfassen, wie es von Erich Kästner beschrieben wird, der selbst schon als Kind ein leidenschaftlicher Leser war. Kästner beschreibt, dass ein Kind, das lesen gelernt hat eine zweite Welt entdeckt. *„Aus Druckerschwärze entstehen Dinge, Menschen, Geister und Götter, die man sonst nicht sehen könnte"* (Franz: „Was Kinder wirklich lesen", in: Beisbart: „Leseförderung und Leseerziehung", S. 83).

Die Worte Kästners aufgreifend, möchte ich darüber hinaus das Land des Lesens nicht nur in der Fantasie der Kinder lebendig werden lassen, sondern möglichst viele Ideen in der Schule realisieren. Das Kind erfährt Literatur als einen Teil seiner momentanen Wirklichkeit. Mein Bestreben ist, Übergänge zwischen Literatur und erlebter Realität für die jungen Leser fließend zu gestalten.

So verstandene Leseförderung macht Kindern das Angebot, durch entdeckendes Lernen **Lesen mit allen Sinnen** zu erleben und nachzuvollziehen. Literarische Figuren werden zu Freunden, die Abenteuer erleben, Spaß haben, traurig sind, Geheimnissen auf die Spur kommen. Sie leben mit Tieren, Freunden oder in einer Familie wie die Kinder der Klasse. Durch material- und handlungsorientierte Arbeit mit der literarischen Vorlage können alle Kinder aktiv lesend und handelnd in die Welt des Buches eintauchen. Ihre Kreativität wird angesprochen, indem sie die

Chance erhalten, die Welt rund ums Buch fiktiv oder handelnd zu verändern. Eine Reflexion über das Gelesene erzieht die jungen Leserinnen und Leser zu kompetentem, kritischem Umgang mit Literatur.

„Über und über beschneit von dem Gelesenen" (Franz a.a.O., S.82): Diese eingangs zitierten Worte sollen möglichst oft eine tatsächliche Erfahrung der Kinder werden.

Durch **unmittelbares Erleben und Handeln**, ausgehend von literarischen Vorlagen, wird in der Phase des ersten Leseunterrichts ein Weg angebahnt, dem viele spannende und vergnügliche Lesestunden folgen. Beim stillen Lesen erhält jedes Kind Gelegenheit, seinen individuellen Fähigkeiten und Neigungen entsprechend in die Welt eines Buches einzutauchen und es für eine gewisse Zeit als Teil seiner schulischen Wirklichkeit zu erleben. Die Erfahrungen beim Lesen und das Buch, das dies ermöglicht, können den Kindern nicht wertvoll genug sein.

Eine auf diese Weise angebahnte, sich beständig festigende positive Beziehung möglichst vieler Kinder zum Buch soll im Übrigen bei den Schulanfängern durch die Erkenntnis verstärkt werden, dass Schule und Bücher unmittelbar zusammengehören. Wenn wir gemütlich in unserer Leseecke zusammensitzen oder bei Sachfragen Probleme zu klären sind, gehören Bücher selbstverständlich dazu.

5. Lesen/Lernen im Werkstattunterricht

Ich unterrichte in meiner Klasse **fächerübergreifend**, indem ich die Bereiche Sprache, Sachunterricht, ästhetische Erziehung und zum Teil Sport und Mathematik vernetze. Durch Verknüpfen verschiedener Aspekte eines Themas wächst eine sich gegenseitig befruchtende Wechselbeziehung zwischen den Grundqualifikationen, die die Schule vermittelt. Eines dieser so genannten **Werkstattthemen** beschäftigt uns über einen längeren Zeitraum von drei bis vier Wochen.
Schon bald nach dem Eintritt in die Schule ermuntere ich meine Erstklässler dazu, eigene Themenvorschläge einzubringen, damit der Unterricht ihre unmittelbaren Interessen berücksichtigt. Schrittweise führe ich die unterschiedlichsten Elemente der Unterrichtsarbeit ein und fordere die Kinder zum aktiven Einbringen dieser Methodenkompetenz auf, sodass sie nach geraumer Zeit auch hinsichtlich der Unterrichtsgestaltung wachsende Mitwirkungsmöglichkeiten wahrnehmen können.

Erste Anstöße für die Entwicklung meines Unterrichtskonzepts bekam ich durch Fortbildungen und Bücher zur Pädagogik des Franzosen Celestine **Freinets**. Ich möchte es, inspiriert durch diesen für mich wichtigen Pädagogen, als **Werkstattkonzept** verstehen. Freinet selbst spricht von Ateliers. **Zum Werkstattkonzept** wie ich es verstehe **gehören**:

- ⇨ Selbstbestimmtes Lernen
- ⇨ Offener Unterricht
- ⇨ Leseversammlungen
- ⇨ Gesprächskreise
- ⇨ Möglichkeiten des entdeckenden Lernens
- ⇨ Arbeit mit authentischen Materialien
- ⇨ Sinneserfahrung
- ⇨ Selbstwahrnehmung und Reflexion von Gefühlen
- ⇨ Besuch von außerschulischen Lernorten und Befragung von Experten
- ⇨ Zusammenarbeit mit Institutionen in der Nähe des Schulstandortes

Diese Formen der Werkstattarbeit sind eingebettet in **lehrerzentrierte Unterrichtsformen** und **individuelle Übungsstunden**. Angesichts der schulischen Realität strebe ich an, dass meine Schülerinnen und Schüler neben den innovativen auch die üblichen Unterrichtsformen kompetent für das Lernen und Leisten in der Schule nutzen.

Der **Werkstattunterricht** macht allen am Schulleben Beteiligten das Angebot, Unterrichtsthemen und -inhalte mitzubestimmen. Kinder, Eltern und ich als Lehrerin bringen Themenvorschläge ein, über die der Klassenrat entscheidet.

Neben Pflichtaufgaben, die für alle verbindlich sind, legen die Kinder ihre Arbeitsschwerpunkte selbst fest. Eine Möglichkeit ist beispielsweise, in die Autorenrolle zu schlüpfen, eigene Texte für Bücher zu schreiben und sich auf diese Weise die Welt des Schreibens zu erschließen. Alle Arbeiten müssen innerhalb eines bestimmten Zeitrahmens erledigt werden, aber die Wahl des Zeitpunktes, wann eine bestimmte Aufgabe erledigt wird, bietet den Kindern einen Entscheidungsspielraum. Der zum Teil von den Kindern und mir gemeinsam erarbeitete Wochenplan hilft den Kindern ihre Arbeit zu strukturieren.

Besonders nach Fertigstellung des **Arbeitsplans** wird bei jedem Thema die Gelegenheit geboten, auf das offene, nicht themengebundene Angebot in der Klasse zurückzugreifen, sich beispielsweise zum stillen Lesen eine gemütliche Ecke zu suchen, das begonnene Buch zu Hause weiterzulesen oder am nächsten Tag in der Schule erneut darin zu schmökern. Haben alle Kinder der Klasse ihre Arbeiten zu einem Thema beendet, setzen wir uns zu einer kritischen Bestandsaufnahme zusammen. Wir bewerten positive wie negative Lernerfahrungen und ziehen Schlüsse für eine möglichst konstruktive Arbeit am nächsten Thema.

6. Das lesende (und schreibende) Klassenzimmer

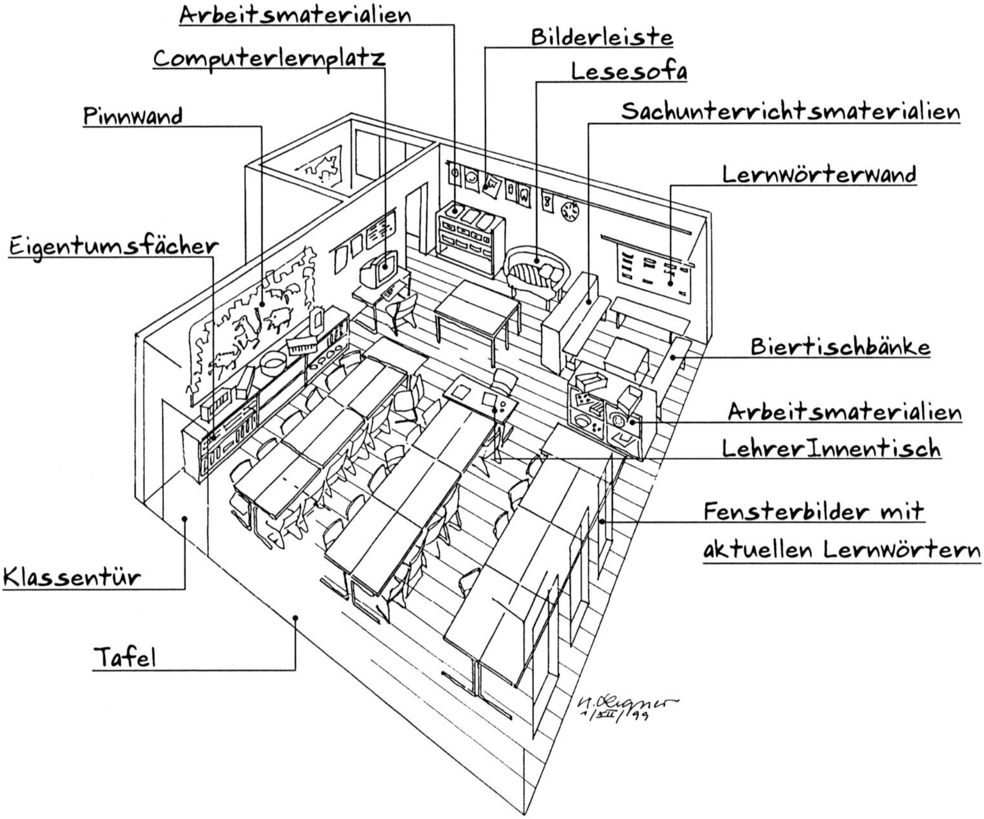

Das lesende Klassenzimmer:
Mit diesem leicht verfremdeten Titel des Buches von Erich Kästner („Das fliegende Klassenzimmer") möchte ich die Überlegungen zusammenfassen, die ich für die **Gestaltung meines Klassenraumes** zugrunde lege.

Der Klassenraum ist eine **multifunktionale Werkstatt**, die den unterschiedlichsten Anforderungen jederzeit gerecht werden soll und darüber hinaus leicht den jeweiligen Gegebenheiten bestimmter Werkstattthemen angepasst werden kann.

In dem 8m x 8m großen Raum finden sich die folgenden **Kernelemente der räumlichen Gestaltung:**

⇨ **Drei große Gruppentische** für acht bzw. zehn Kinder mit Arbeitsplätzen für 28 Kinder und ein Pult für die Arbeit der LehrerInnen in den vorderen zwei Dritteln des Klassenraumes.

⇨ Eine **Lese- und Gesprächsecke** bestehend aus vier Bänken einer Gartenbiertischgarnitur, die im Karree stehen. Dazu gehört ein „Mittelpunktstisch", auf dem sich authentische Materialien zu einem Werkstatt-Thema befinden.

⇨ Ein **Computerarbeitsplatz**.

⇨ **Zwei Schülertische**, die für Ausstellungen zu einem Thema genutzt werden können oder mit Stühlen versehen zu einem Arbeitsplatz für vier Kinder im Werkstattunterricht werden.

⇨ Ein weiterer **separater Arbeitstisch** (dauerhaft mit einem Wachstuch geschützt) für zwei Kinder.

⇨ Ein **Tisch mit Trinkbechern** für jedes Kind, dem **Sodastreamer, Kakaokasten und Strohhalmen**.

⇨ Ein **Korbsessel für Kinder**, die bei der Autorenlesung einen Text vorlesen oder sich mit einem Buch zum Schmökern zurückziehen wollen.

⇨ Ein **Korbsofa und ein kleiner Tisch**. Dieser Arbeitsplatz kann zum Lesen und zum schriftlichen wie mündlichen Lernen genutzt werden.

Auf dem Flur steht, wie vor jeder anderen Klasse unserer Schule, eine **weitere Bank**, die zum Lesen einlädt. Sie wurde vom Förderverein finanziert, in dem Bestreben, die Leseförderung zu unterstützen.

Neben diesen Sitz- und Arbeitsplätzen, die das Arbeiten den Unterrichtsformen entsprechend ermöglichen, stehen diverse Regale im Klassenraum, in denen die **unterschiedlichsten Materialien** (Wolle, Halbedelsteine, Korken, Tannenzapfen, Sand, Bierdeckel, Pfeifenputzer, Muscheln, Stoffe, Watte, Füllmaterial, Dosen, Schachteln, Papprollen in allen Größen, Stöcke, Äste, Flaschen, Federn, Briefmarken etc.) gelagert werden, auf die Kinder bei spontanen kreativen Einfällen zurückgreifen können. In drei weiteren Regalen befindet sich das **persönliche Arbeitsmaterial** für je neun Kinder:

⇨ Ein **Ablagekorb**, in dem ein Kind nicht fertiggestellte Arbeiten aufbewahren kann.

⇨ Der **Aktenordner für bearbeitete Arbeitsblätter**.

⇨ Eine **Chinakladde**, die als Tagebuch dient.

⇨ Ein **Karteikasten** für die Rechtschreibung.

⇨ Eine **Sammelmappe für Texte**, die aufbewahrt werden sollen.

Malkästen und **Wachsmalstifte** befinden sich nach Gruppentischen getrennt in preiswerten blauen Containern, die gegebenenfalls an die Gruppentische geholt und dort vom Tischdienst verteilt werden. Die **Zeichenblöcke** aller Kinder werden in einem großen Container gesammelt und von mir verteilt, wenn alle Kinder gleichzeitig malen. Bücher und Hefter, die nicht für die Hausaufgabe benötigt werden, können die Kinder in dem **Ablagekörbchen** unter ihrem Tisch aufbewahren.

Da ich auf ein Eigentumsfach für jedes Kind verzichte, bei denen ich doch immer nur mit Unordnung zu kämpfen hatte, gewinne ich Platz für vielfältige Materialien, die für die Werkstattarbeit benötigt werden.
An den Wänden befinden sich zwei große und zwei kleine **Pinnwände**, die stets mit preiswertem Seidenpapier bedeckt sind und für die Sammlung der Lernwörter und für Textausstellungen genutzt werden.

Zusammengefasst möchte ich das Klassenzimmer mit einem **Kinderzimmer** vergleichen, in dessen anheimelnder Atmosphäre sich die Kinder wohl und geborgen fühlen sollen. Neben **Ruhe-** und **Arbeitszonen** finden sich Ecken, die zum entdeckenden Lernen und zum künstlerischen Gestalten einladen. Zentraler Treffpunkt für die Begegnung in der Klassengemeinschaft ist die **Gesprächsecke**. Hier ist unsere Gedankenschmiede, von der alle Aktivitäten ausgehen und wieder zusammengefasst werden. Das Klassenzimmer soll aufgrund seiner flexiblen Nutzbarkeit unterschiedlichsten Ansprüchen genügen.

Materialien für die Schreibwerkstatt:

- ein **Tacker** mit einem langen Arm, mit dem sich schnell und preiswert kleine Blankohefte für jedes Kind herstellen lassen
- weißes, rotes, blaues, gelbes und grünes **Papier**, das zum Schreiben freier Texte auffordert und u.a. für die Grundwortschatzarbeit benötigt wird
- **kopierfähige Pappe** in den genannten Farben, die u.a. für Lernwörter der Wort-Schatzkiste benötigt wird, aus der sich aber auch schnell ein Hexenhut schneiden lässt, auf den eine Geschichte geschrieben wird
- **weißes DIN-A3-Papier**, ebenfalls gefaltet und zusammengeheftet zu Lesebegleitheften u.Ä.
- **Briefumschläge** und **Postkarten**
- verschiedene **Papierarten**: angekokeltes weißes „Abenteuerpapier", Packpapier, alte Zeitungen, Seidenpapier, Tonpapier, Tonkarton und dickes weißes DIN-A2- Papier
- Lochringverstärker, Musterbeutelklammern, Heftzwecken, Laminierfolien, ein großer Locher, Klebstoff etc.
- **Holzbretter** von Obstkisten auf dem Markt
- **Ponal** und feste **Leinenstreifen** für Buchrücken (zum späteren Binden der Texte der Kinder)

1. Zum Lesen verlocken von Anfang an

„Komm, wir finden einen Schatz!", mit dieser Einladung stellte ich mich meinen neuen Schülerinnen und Schülern in den Sommerferien als Lehrerin der Klasse 1 vor. Jedes Kind erhielt mit der Post **ein kleines Buch**, das die wichtigsten **Informationen für den Schulanfang** enthielt. Als Titelbild wählte ich eine Kopie von Janoschs Bilderbuch „Oh, wie schön ist Panama", tauschte aber den Schriftzug aus gegen den Titel eines weiteren Janosch-Buches „Komm, wir finden einen Schatz".

- ⇨ Ich teilte den Kindern mit, dass sie die Tigerentenklasse besuchen würden und
- ⇨ schrieb die Namen aller anderen Kinder auf, mit denen sie zusammen in diese Klasse gehen würden.
- ⇨ Auf einer Doppelseite hatte jedes Kind die Möglichkeit eine Schatzkarte zu malen und
- ⇨ eine weitere Seite lud zu einem Selbstbildnis ein.
- ⇨ Am Ende des kleinen Buches fand sich eine Materialliste für die Tigerentenklasse.

Zum Lesen verlocken, dieses Motto sollte Kindern und Eltern von Anfang an deutlich werden. Nach sorgfältigen Überlegungen, welche Bilderbücher für die Arbeit in den ersten Wochen am ergiebigsten wären, entschied ich mich für **„Oh, wie schön ist Panama"** und **„Post für den Tiger"** von Janosch.

Die literarische Figur der Tigerente wählte ich als **Klassensymbol** aus, da sie vielen Kindern aus den Medien, dem Kindergarten, den Spielwarenläden, dem Buchhandel oder als Figur in den Janosch-Büchern bekannt ist. Der hohe Wiedererkennungswert und die positive Assoziation, die die Tigerente weckt, sollten der richtige Einstieg in die Welt des Lesens sein. Das Lesenlernen von Anfang an so wertvoll wie möglich zu machen, war in Anlehnung an Bruno Bettelheim mein Ziel. Beide Bücher von Janosch wecken die Fantasie der Kinder auf vielfältige Weise. Sie bieten eine Fülle von Möglichkeiten zum handlungsorientierten Umgang mit authentischen Materialien und regen zum kreativen Schreiben an. Den kleinen Bären und den Tiger bei ihren Abenteuern zu begleiten schien mir geeignet, die Kinder „zum Lesen-Lernen-Wollen" anzustiften.

Im Übrigen wollte ich mir von Anfang an die **Vorteile des Serienlesens** zunutze machen und hoffte, dass die intensive Wirkung der Texte von Tiger und Bär die Kinder zur Wiederholung der Leseerfahrung drängen würde.

Mit der Tigerente geht´s los ...
Dass dieses Motto die Kinder erreicht hatte, konnte ich schon bei unserer Schulaufnahmefeier mühelos erkennen. Die vielen Tigerentenschultüten, T-shirts, Buttons etc. ließen mich unschwer meine zukünftigen Schützlinge in der Vielzahl der Schulanfänger entdecken. Die Tigerente stand zur Begrüßung bereit, als wir das erste Mal gemeinsam unsere Klasse betraten.

Jedes Kind fand ein Namensschild in der Form der Tigerente vor. Sie war aus Pappe und vier Korbscheiben als Rädern hergestellt und wurde durch ein Stück Knete festgehalten. Nachdem die Kinder ihre Namen gelesen und sich einen Platz gesucht hatten, schrieben sie ihren Namen selbst auf die Rückseite der Tigerente und malten sie entsprechend an.

Den eigenen Namen richtig schreiben und lesen zu können, war das Ziel in der Schulanfangsphase. An einer Pinnwand im Klassenraum folgten einer großen Tigerente im Gänsemarsch viele kleine Tigerenten, auf denen Namen und Geburtsdaten der Kinder standen.

Neugierig mahnten einige Kinder die versprochene Schatzsuche an. Hatte ich ihnen denn nicht ein kleines Buch geschickt, auf dem stand: **„Komm, wir finden einen Schatz"**? Sie packten ihre Schatzkarten aus, die sie vor Beginn der Schulzeit gemalt hatten, und alle überlegten in der Gesprächsecke, wo sich der Schatz wohl befinden könnte. Natürlich stellten sie fest, dass sie sich auf dem Schulgelände noch gar nicht auskannten, und schon wurde der erste Erkundungsgang als Schatzsuche in Angriff genommen. Endlich fanden wir die **Schatzkiste** in der Turnhalle. Was da wohl drin war?

Spielsachen mit den **Anlauten** der Namen der Kinder. Ein Jojo mit J wie Jessica oder Justus, eine Muschel mit M wie Matthias, eine Taucherbrille mit T wie Tim. Leicht war mit dem Inhalt der Schatzkiste die Anlauttabelle eingeführt, mit deren Hilfe die Kinder durch Schreiben das Lesen lernen sollten. Außerdem hatten wir einen Schreibanlass, denn jeder schrieb ein Namenskärtchen, das an dem jeweiligen Spielzeug befestigt wurde.

2. Wie Tiger und Bär zu literarischen Freunden werden

„Oh, wie schön ist Panama", Janosch

Über das Buch:

Tiger und Bär leben mit der Tigerente in ihrem Haus am Fluss und führen ein beschauliches Leben. Der Tiger trägt zum Lebensunterhalt bei, indem er Pilze im Wald sammelt. Sein Freund der Bär bereichert den Speiseplan mit Fischen, die er im nahegelegenen Fluss angelt. Beim Fischen findet er eines Tages eine Holzkiste, die nach Bananen riecht und auf der das Wort „Panama" steht. Panama ist das Land ihrer Träume, finden Tiger und Bär und beschließen, sich mit der Tigerente auf den Weg dorthin zu machen. Natürlich muss zunächst ein Wegweiser gebaut und aufgestellt werden, auf dem steht: PANAMA. Während ihrer langen Reise ins Traumland treffen sie viele Tiere, die sie nach dem Weg fragen. Dass Tiger und Bär dabei im Kreis laufen, merkt der Leser schnell. Nach endlos langer Odyssee steigen sie auf einen hohen Baum, der ihnen den Blick auf ein kleines Haus am Fluss (ihr ehemaliges Haus) gewährt. Sie gehen wieder auf Wanderschaft, finden einen Wegweiser auf dem PANAMA steht und ziehen in das gemütliche Haus am Fluss – zufrieden das Land ihrer Träume gefunden zu haben.

Materialkiste zum Buch:

- Bilderbuch: **Oh, wie schön ist Panama** von Janosch
- blaues Tuch
- Bär als Kuscheltier
- Flaschenpost
- Hut
- Angel (Stock mit Schnur und Korken)
- angeflämmtes Papier
- Holzkiste vom Markt
- dünne Holzbretter (im Klassensatz)
- Flaschen
- Pinnwand

Unsere erste Leseversammlung
Auf dem „Fluss", der sich als blaues Tuch auf dem Boden zwischen den Biertischbänken entlangschlängelte, „schwamm" an einem Morgen eine Holzkiste. Ein Bär saß darin. Hut und Angel lagen neben ihm. Natürlich fehlte auch das Buch „Oh, wie schön ist Panama" nicht. Die Materialien, die zum Spielen und Vorlesen einluden, weckten die Neugier der Kinder, regten sie zu Mutmaßungen an und reizten zum Spielen.

Sofort erkannten einige Kinder den Bär von Janosch und stellten Überlegungen an, wie die anderen Gegenstände zum Buch gehören könnten. Neugierig schnupperten sie an der Holzkiste. Dennis meinte, die Kiste röche nach Bananen. Alle wollten nun am Holz riechen. Natürlich, da waren sich alle einig, die Kiste roch nach Bananen.

Aber wo war denn der Tiger, der auf dem Titelbild des bereitliegenden Buches abgebildet war? Vielleicht würden wir dies erfahren, wenn ich aus dem Buch vorlesen würde?
Die Erstklässler machten begeistert diesen Vorschlag und hörten gebannt zu, als mit dem Bär und dem Tiger zwei neue Freunde in ihrer Phantasie Einzug hielten.

Da die Kinder auf den Biertischbänken während dieser **Leseversammlung** dicht an dicht auf Tuchfühlung saßen, war es jedem möglich sowohl zu mir wie auch untereinander Blickkontakt aufzunehmen.

Ein wesentliches Anliegen ist mir, dass die Kinder bei unserer Leseversammlung ein Gefühl von Geborgenheit und Nähe zueinander aufbauen. Auch wegen dieser kuscheligen Atmosphäre beim Vorlesen und Zuhören sollen sie das Lesen als besonderen Schatz erfahren und lieben lernen. (Den Begriff „Leseversammlung", wie auch einige andere Anregungen, habe ich von Heide Bambach „Erfundene Geschichten erzählen es richtig" übernommen.)

Als ich während des Vorlesens eine Pause machte, äußerte Benedict spontan die Idee, aus dem Holz der Kiste einen **Wegweiser** zu bauen. Das war ein Vorschlag, der bei den anderen Kindern auf breite Zustimmung stieß. Wir nahmen uns diese Arbeiten für den nächsten Tag vor. Am Nachmittag wollten alle Kinder nach einem geeigneten Stock suchen, an dem sie ihren Wegweiser befestigen könnten.

Der nächsten Morgen begann mit einem **Kennenlernspiel**, an das sich die **Leseversammlung** anschloss. Wieder standen die oben beschriebenen Materialien auf dem Boden zwischen den Kindern. Daneben lag zusätzlich ein Stapel Holzbretter. Unser freundlicher Hausmeister hatte aus den Obstkisten vom Markt die gefährlichen Krampen entfernt, sodass sie nun als **attraktiver Schreibanlass** die Aufmerksamkeit der Kinder auf sich lenkten.

Das authentische Material half, sich zu erinnern, was Bär und Tiger am Vortag erlebt hatten, und unterstützte die Konzentration beim Zuhören. Nachdem ich aus dem Buch „Oh, wie schön ist Panama" vorgelesen hatte, wollten die Kinder endlich PANAMA mit Wachsmalstiften auf ihr Holzbrett schreiben, damit es ein richtiger Wegweiser würde. Alle gingen zu ihrem Platz an den Gruppentischen, und ich stellte ihnen in einer Lehrgangssituation die Technik des **Schreibens**

mit der Anlauttabelle vor. Wir machten zuerst das Wort Panama ganz lang und klatschten dazu. Dann suchten wir das P wie Patrick auf der Schreibtabelle, machten das Wort Panama wieder lang, suchten A wie Anna, das N wie Nina, das M wie Matthias usw. bis PANAMA an der Tafel stand.

Schwerstarbeit, die den Kindern viel abverlangte. Trotzdem, alle Kinder hatten durchgehalten. Sie waren sehr begierig, Panama auf ihren Wegweiser zu schreiben.

Nachdem wir PANAMA gemeinsam an der Tafel auflautiert hatten, setzte ein vielstimmiges Gemurmel in der Klasse ein, weil jedes Kind nun individuell das Wort auflautierte um es auf das Holzbrett zu schreiben.

Die Arbeit fiel den Kindern nicht leicht, aber da die Motivation groß war, einen Wegweiser für den Bären und den Tiger zu bauen und das Schreibmaterial einen hohen Aufforderungscharakter besaß, schafften es alle Kinder. Nachdem diese Arbeit erledigt war, wollten sie ihren Wegweiser auch zusammenbauen. Gut, dass alle daran gedacht hatten, einen Stock mit in die Schule zu bringen.

Bevor wir die Stöcke verarbeiteten, gingen wir damit nach draußen, legten A's und M's und mit einer dicken Kordel ein großes P. Schon stand PANAMA da.

Jetzt endlich ging es an die Arbeit, die Wegweiser fertigzustellen.

Tipp

Diese Aktion war möglich, weil mich bis zu den Herbstferien die Mutter eines Schülers als **„Teaching-Assistant“** in allen Unterrichtsstunden unterstützte. Die Kinder schätzten die freundliche Hilfe von Daniels Mutter sehr. Ich war dadurch erheblich entlastet und konnte mich auf andere Aktivitäten konzentrieren.

Frau F. ermöglichte viele handlungsorientierte Aktivitäten, bei denen Schulanfänger die Unterstützung eines Erwachsenen brauchen, und war für alle in der Schulanfangsphase eine willkommene Hilfe. Ich denke mit Dank daran zurück!

Viele, viele „Flaschenpöste“

In meiner Klasse konnten drei Kinder schon vor der Einschulung schreiben und lesen. Ich hatte Glück, Matthias schrieb mir gleich am dritten Tag einen Brief. Natürlich beantwortete ich seinen Brief sofort. Da die Kinder am Vortag beim Vorlesen bemerkt hatten, dass der kleine Bär und der Tiger eine Flaschenpost übersehen hatten, steckte nun meine Schriftrolle, auf der „Post für Matthias“ stand, ebenfalls in eine Flasche. Sie „schwamm“ in unserem „Fluss“ neben der Holzkiste, in der der Bär saß und angelte. Die Kinder entdeckten die Flaschenpost sofort, als wir im Morgenkreis in der Gesprächsecke saßen. Stolz las Matthias den anderen seine Flaschenpost vor.

Karolin kam während des anschließenden Gespräches auf die **Flaschenpost** zu sprechen, die auf einem Bild unseres Buches abgebildet war. Wir spekulierten über ihren möglichen Inhalt. Alle wollten aufschreiben, welche Nachricht sich in der Flaschenpost befand, die der Bär und der Tiger übersehen hatten. Erneut machte ich die Kinder in einer Lehrgangsituation mit der **Methode des Auflautierens** bekannt. Daran anschließend erklang ein vielstimmiges Gemurmel, denn alle machten sich an die Arbeit und schrieben oder malten SOS-Nachrichten, die sie in Flaschen steckten und auf unseren Ausstellungstisch stellten. „So viele Flaschenpöste!", kommentierte Henrik die Arbeit: „Toll!"

Am nächsten Morgen waren ganz viele Briefe für mich da, einige sogar auch als Flaschenpost. Jedes Kind erhielt einen persönlichen Brief von mir als Flaschenpost zurück. Zusätzlich hatte ich das Papier an den Rändern angeflämmt, was den abenteuerlichen Charakter der Schriftrollen erhöhte und für mehrere Wochen einen intensiven Briefwechsel zwischen mir und einzelnen Kindern auslöste.

Philipp machte den Vorschlag, auch mal auf angekokeltem Papier schreiben zu dürfen. Ich griff seine Idee auf und bereitete einen Stoß dieses die kindliche Phantasie anregenden Papiers vor. Wieder war ein **attraktiver Schreibanlass** zum freien Schreiben gefunden. Viele Kinder nutzten das Abenteuerpapier um darauf das Land ihrer Träume zu malen und zu schreiben. Viele Kinder schrieben Panama, aber einige Kinder hatten auch ganz andere Ideen. Jan schrieb schon eine erste Geschichte, obwohl er doch erst seit einigen Tagen schreiben konnte.

Jeden Morgen waren meine Erstklässler begierig, mehr über den Fortgang der Reise von Tiger und Bär zu erfahren. Als die beiden Freunde zu Besuch bei Hase und Igel das gemütliche Sofa kennenlernten, stand auch in unserer Klasse unter einer großen Decke versteckt ein Korbsofa, das die Kinder zum gemütlichen Schmökern mit einem Buch einlud. Immer wenn ich jetzt vorlas, holten wir unser Korbsofa in unsere Gesprächsecke und zwei Kinder durften mit dem kleinen Bär auf dem Sofa sitzen und zuhören.

Nach dem Vorlesen sammelten wir Ideen, was der Bär und der Tiger wohl besprechen, während sie so gemütlich auf ihrem Sofa sitzen. Ich hatte **Sprechblasen aus farbigem Papier** zurecht geschnitten, die als Material neben den sonstigen Utensilien zum Buch auf dem „Mittelpunktstisch" in der Gesprächsecke lagen. Britta hatte sie längst entdeckt und schlug vor, darauf ein Gespräch zu schreiben und sie danach an die Pinnwand zu hängen. Hier hingen zwei große, mit Wasserfarben gemalte Figuren von Tiger und Bär. Beide hatten eine leere Sprechblase vor dem Mund. Nachdem die Kinder ihre

Ideen aufgeschrieben hatten, befestigten wir dort ihre Sprechblasen und sahen nun, was sich Tiger und Bär alles zu sagen hatten.

Durch diese Form der **Textausstellung an Pinnwänden** vor und in der Klasse erfahren die Schreiber eine Wertschätzung ihrer geschriebenen Texte. Ich verkleide die Pinnwände mit preiswertem Seidenpapier, die so als attraktiver Blickfang die Aufmerksamkeit anderer Schüler und der Eltern auf sich lenken. Täglich sehen die Kinder das Produkt ihrer Anstrengung vor sich, Besucher lesen die Texte, würdigen die Arbeit der Schulanfänger und spornen so zu neuem Schreiben an.

Bei den Anstrengungen des Schreibenlernens mit Tiger und Bär machten die Kinder unbewusst auch beim Lesenlernen große Fortschritte. Einige Kinder lasen bei den täglichen Leseversammlungen schon ihre ersten Texte vor und waren stolz auf ihr neu erworbenes Können.

Nachdem „Oh, wie schön ist Panama" ausgelesen war, wollten die Kinder Weiteres vom kleinen Bären und vom kleinen Tiger erfahren. Ich machte mir den Reiz des **Serienlesens** zunutze und schlug vor, nun an dem Buch **„Post für den Tiger"** von Janosch zu arbeiten. Dies bot den Vorteil, dass die Kinder so am Leben ihrer literarischen Freunde intensiveren Anteil haben und sich in ihrer Phantasie in deren Welt vertiefen konnten.

Ich fragte in einer Buchhandlung an, ob Interesse bestünde, dass wir mit den Arbeitsergebnissen der ersten beiden Schulwochen ein Schaufenster gestalteten. Man war gerne dazu bereit und so dekorierte unsere Schatzkiste mit den Wegweisern, den Tigerenten-Namensschildern, der Flaschenpost und den Schatzkarten bald ein Schaufenster in der Innenstadt. Die Kinder fuhren mit Vater oder Mutter in die Stadt und zeigten stolz ihre Arbeiten. Einige Eltern kauften ihren Kindern bei dieser Gelegenheit ein Buch, das sie stolz in die Schule mitbrachten. Natürlich wollten nun alle Kinder ihre Lieblingsbücher vorstellen. Zeit für unsere erste gemütliche **Schmökerstunde**, die wir leise, in Bilderbüchern blätternd, genossen. Wer etwas malen oder schreiben wollte, konnte auf bereitliegendes Material zurückgreifen.

Aktionen zum Buch:

- Wegweiser nach Panama bauen
- Flaschenpost schreiben
- Schaufenstergestaltung in einer Buchhandlung

3. Lesen und Schreiben in allen Lebenslagen

„Post für den Tiger", Janosch

Über das Buch:

Die Freunde Tiger und Bär mit der Tigerente leben ihr beschauliches Leben in dem kleinen Haus am Fluss. Oft geht der Bär mit seiner Angel hinaus um Fische zu angeln, die der Tiger so gerne isst. So ganz alleine im Haus fühlt sich der Tiger jedoch sehr einsam und traurig.

Der Bär hat eine Idee: Er wird dem Tiger einen Brief schreiben, während er am Fluss ist. Gesagt, getan. Die schnellen Hasen stellen die Post für den Tiger zu und bald entwickelt sich ein reger Briefwechsel, in den auch alle Freunde von Tiger und Bär einbezogen werden. Jeder schreibt jedem Briefe.

Damit es mit der Nachrichtenübermittlung schneller geht, werden nach geraumer Zeit „Telefonleitungen" verlegt, die es allen Freunden ermöglichen miteinander zu sprechen. Eine rege Kommunikation rund um das kleine Haus am Fluss kommt in Gang.

Materialkiste:

- Bilderbuch: **Post für den Tiger** von Janosch
- Bär als Kuscheltier
- Angel
- Gartenschlauch mit Trichtern
- zwei alte Telefone
- „Telefonbuch" der Klasse
- Klassenbriefkasten
- Briefumschläge, Briefpapier
- Postkarten

Ich hatte in den ersten beiden Schulwochen unsere **Leseversammlungen** in den Mittelpunkt des Unterrichts gestellt und dabei den Eindruck gewonnen, dass alle Kinder diese Zeit des Vorlesens bzw. Zuhörens besonders schätzten.

Das Bilderbuch „Post für den Tiger" machte den Kindern ein **aktives Beteiligungsangebot** als Leser bzw. Zuhörer. Es bot Gelegenheit, sowohl **kognitive** wie auch **emotionale Leseeindrücke** auf sich wirken zu lassen. Gerne würden die kleinen Zuhörer den lieb gewordenen Freunden weiter auf dem individuellen Weg ins Land des Lesens folgen. Bär, Tiger und Tigerente sollten uns daher auch in der dritten und vierten Schulwoche begleiten.

Als ich beim Vorlesen aus „Post für den Tiger" die Stelle vortrug, an der der Tiger dem Bär sein Leid über Einsamkeit und Lustlosigkeit klagt, unterbrachen mich die Kinder und es schloss sich ein intensives Gespräch zu dieser Thematik an. Dennis schlug vor, einen **Brief** für jemanden zu **schreiben**, der auch allein ist, wie zum Beispiel Oma oder Opa. Die Idee wurde aufgegriffen, eifrig wurden Briefe geschrieben und gemalt, anschließend in ein Kuvert gesteckt und mittags von den meisten Kindern an Oma und Opa geschickt.

Natürlich mussten wir dafür zunächst lernen, wie man OMA und OPA richtig schreibt. Da wir die Buchstaben A,P und M intensiv kennengelernt hatten, sie kamen ja schließlich in PANAMA vor, bot es sich an, das O intensiver zu behandeln. Mit OMA und OPA erarbeiteten wir unsere ersten beiden **Lernwörter** für unseren **Klassengrundwortschatz**.

Das normgerechte Schreiben war den Kindern durch die Art des vernetzten Arbeitens mit einem Buch zu einem persönlichen Anliegen geworden. Da Großeltern sich in der Regel besonders über Aufmerksamkeiten ihrer Enkel freuen, ließ bei den meisten Kindern eine positive Rückmeldung auf den Brief nicht lange auf sich warten. Dass Post etwas Tolles ist und beim Empfänger das Gefühl der Freude weckt, erfuhren viele Kinder auf diese Weise.

Benedict, der eine Schwester im 3. Schuljahr hat, brachte als Überraschung einen liebevoll gebastelten **Klassenbriefkasten** für unsere Post mit. Er hatte ihn mit Bildern aus „Post für den Tiger" dekoriert und erhielt von seinen Klassenkameraden spontanen Beifall für die Mühe, die er sich gemacht hatte. Alle wollten nun Post erhalten und eine zweite Welle des freiwilligen häuslichen Briefeschreibens setzte ein.

Dass die Großeltern sich so sehr über die Post gefreut hatten, war ausführlicher Anlass für ein Gespräch. Sollten die Kinder nun nicht auch ihre Eltern mit Post überraschen? Heimlich schrieben und malten wir Postkarten und brachten sie freitags zum Postamt. Natürlich mussten wir vorher lernen, wie man MAMA und PAPA richtig schreibt. Die Sammlung des **Grundwortschatzes** wurde um zwei weitere Wörter ergänzt.

Die Überraschung gelang den Kindern vortrefflich. Als am Samstag die Post gebracht wurde und eine Karte des eigenen Kindes im Briefkasten lag, war die Freude in den Elternhäusern groß. Die Kinder machten erneut die Erfahrung, dass Post ausgesprochen **intensive positive Rückkoppelungen** hervorruft.

Wenn ich nun aus „Post für den Tiger" vorlas, sprudelten bei den Kindern die Ideen. Sie hatten in den zurückliegenden Wochen als Zuhörer realisiert, dass die Ereignisse in der Geschichte uns durchaus zu Taten anstiften konnten, die wir dann in der einen oder anderen Form in der

Klasse umsetzten. So lag es nahe, dass Christof den **Bau eines Gartenschlauchtelefons** vorschlug. Zu Hause beim Spielen wollten die Kinder probieren, ob es wohl funktioniert. Leider regnete es ständig und die Pläne mussten, wie Franziska mit Bedauern feststellte, auf besseres Wetter verschoben werden. Mit den beiden **Telefonen** in der Klasse konnte jedoch in **Rollenspielen** eifrig telefoniert werden. Für den mit der Mathematik vernetzten Unterricht hatte dies hinsichtlich des handelnden Umgangs mit Zahlen ausgesprochen positive Auswirkungen.

Um die Kinder zum Selberlesen und intensiven Nutzen der Zahlen anzuregen, stellte ich ein kleines Telefonbuch mit den Namen und Telefonnummern der Kinder zusammen. Titelbild und Rückseite schmückte ein Bild vom telefonierenden Bär und Tiger. Im **Klassentelefonbuch** die Namen der Freunde und Freundinnen zu lesen, das lernte jeder besonders schnell. Der **Erfolg des Lesens** stellte sich ein, wenn sich der gewünschte Gesprächspartner bzw. die -partnerin am Telefon meldete. Verabredungen mit neuen Freunden aus der Klasse waren jetzt unabhängig von den Eltern möglich. Sie machten als Alltagserfahrung deutlich, wie wichtig es ist, das Lesen zu beherrschen. Um die Schreibweise der Lernwörter MAMA, PAPA, OMA, OPA zu üben, mussten diese mit den entsprechenden Telefonnummern ebenfalls ins Telefonbuch eingetragen werden.

Aktionen zum Buch:

- Besuch des Postamtes und
- Versenden einer Postkarte an die Großeltern/Eltern der Kinder.
- Bau eines Gartenschlauchtelefons.
- Klassentelefonbuch als erstes Lesebuch für alle Kinder.
- Telefonieren als Rollenspiel.

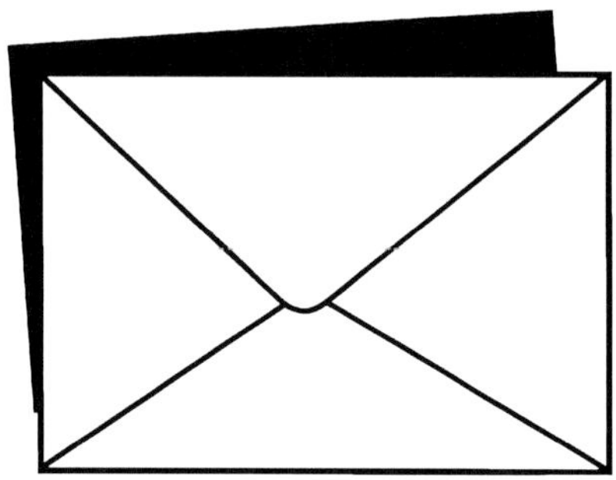

4. Lesen und richtig schreiben

4.1. Hundert Wörter für die „Wort-Schatzkiste"

Materialkiste:

- farbiges Papier (rot, blau, gelb, grün)
- farbige, kopierfähige Pappe (rot, gelb, grün, blau)
- Lernbox
- eine Pinnwand
- eine Liste mit dem jeweils aktuellen Grundwortschatz der Klasse
- unterschiedlichstes Papier, Pappe, Schablonen etc.
- ein unliniertes DIN-A4-Heft

An unserer Schule lernen die Kinder das Lesen auf der Grundlage der Methode **„Lesen durch Schreiben"** von J. Reichen (a.a.O.). Als positiven „Nebeneffekt" erlernen sie auch das Schreiben von freien Texten, jedoch nicht die Rechtschreibung.

Die Kinder verfassten bereits im ersten Schuljahr mit zunehmender Sicherheit eine Vielzahl von Texten, mit einem beträchtlichen Umfang. Für alle war es ein Vergnügen, diese ersten Texte zu lesen, aber neben der Freude über den Fortschritt, wuchs bei den Eltern die Sorge darüber, dass alles rechtschreiblich „falsch" geschrieben sein könnte. Sie waren durch Berichte in den Medien über die Defizite von Schülern im normgerechten Schreiben sensibilisiert. Nun fürchteten sie, dass sich ihre Kinder durch das spontane Schreiben nach Gehör Defizite im Bereich Rechtschreibung aneignen könnten. Die elterlichen Sorgen nahm ich sehr ernst und versuchte ihnen konstruktiv zu begegnen. Ein **Elternabend** zum Thema „Norm- und kindorientierter Rechtschreibunterricht in Klasse 1" bot Gelegenheit, miteinander ins Gespräch zu kommen.

Ich stellte den Eltern zunächst mein Unterrichtskonzept des integrierten Werkstattunterrichts vor.

Ich erklärte ihnen, dass ich die hohe Motivation der Kinder für ein Werkstattthema von Anfang an für den integrierten Rechtschreibunterricht nutzen wolle. Denn die Form des vernetzten Lernens und Denkens unter Beteiligung von Kopf, Hand und allen Sinnen hilft den Schülerinnen und Schülern auf ihrem langen Weg zum kompetenten Rechtschreiben.

Den **Einstieg in den kindorientierten Rechtschreibunterricht** wollte ich mit Aktionen, die sich aus dem Bilderbuch „Post für den Tiger" ergeben, anbahnen. Ich erarbeitete mit unterschiedlichsten Übungsformen die

richtige Schreibweise von Mama, Papa, Oma und Opa und erklärte, dass die großen Leute diese Worte immer genau so schreiben würden, und dass wir uns deshalb diese Schreibweise merken wollten.
Für Eltern und Kinder ist in gleicher Weise wichtig, dass die **einzelnen Elemente des norm- und kind-orientierten Rechtschreibunterrichts** transparent sind. In meinem Unterricht gehörten dazu im ersten Schuljahr:

⇨ Eine **Wort-Schatzkiste** für jedes Kind, in dem Lernwörter gesammelt werden. Diese Lernwörter wurden auf farbigen Wortkarten den entsprechenden Wortarten zugeordnet. Am Ende des ersten Schuljahres befanden sich die ersten 100 Wörter in dieser Schatzkiste. Die Wortkarten beschriftete ich selber.

⇨ In Großantiqua schrieb ich alle Lernwörter auf Wortkarten und hängte sie für alle jederzeit lesbar als **„Fensterbild"** in unserer Gesprächsecke auf. Den Kindern erklärte ich, dass sie ihren Platz verlassen dürften, wenn sie ein Lernwort schreiben wollen und

Im Hintergrund sieht man die Pinnwand mit den Lernwörtern der Kinder

unsicher hinsichtlich der Schreibweise sind. Auf diese Weise versuchte ich Rechtschreibgespür und -sensibilität bei den Kindern anzubahnen.

⇨ War ein Werkstattthema abgeschlossen, nahm ich die Wortkarten des Fensterbildes ab und hängte sie an einer **großen Pinnwand** auf. Hier sammelten wir im ersten Schuljahr alle Lernwörter. Die Kinder konnten selbstständig nachsehen und kontrollieren, wenn Probleme beim Schreiben älterer Lernwörter auftraten.

⇨ Ab November/Dezember befand sich auf dem Wochenplan der Kinder ein kurzer **themenbezogener Sachtext**, der ältere und neue Lernwörter aufgriff. Dieser Text musste im Rahmen des offenen Unterrichts abgeschrieben werden.

Nomen schrieb ich auf blaue **Wortkarten**, Verben auf rote, Adjektive auf gelbe und alle anderen Worte auf grüne Karten. Ich besprach die **Wortarten** nicht, wollte aber damit einen ersten nonverbalen Impuls setzen. Nachdem ein Wort als Lernwort in der Klasse eingeführt und mit allen erarbeitet war, mussten die Kinder es auch beim freien Schreiben immer richtig schreiben. Ich kontrollierte die mit Bleistift geschriebenen Texte der Kinder sofort, radierte das falsch geschriebene Wort aus und besprach mit dem Kind die normgerechte Schreibweise dieses Lernwortes. Dies hatte ich in meinen früheren Klassen nicht zu so einem frühen Zeitpunkt praktiziert, weil ich mir Sorgen machte, dass die Lust am Schreiben darunter leiden könnte. Diesmal wollte ich es anders handhaben und die Begeisterung für die Werkstattarbeit nutzen, um den Kindern von Anfang die Regel zu vermitteln: **Lernwörter müssen wir immer richtig schreiben!**
Es zeigte sich, dass die Kinder die Rechtschreibung sehr ernst nehmen und selbstverständlich bereit sind, Fehler bei den Lernwörtern zu korrigieren. Durch die Pinnwand, an der die Lernwörter des Klassengrundwortschatzes gesammelt wurden, hatten die Kinder jederzeit einen Überblick, welche Lernwörter wir schon bearbeitet hatten.

Alexander nutzte schon in der ersten Schulwoche das Angebot des Fensterbildes um seinen eigenen Namen zu schreiben. So konnte er seinen objektiv schwierigen Vornamen immer richtig schreiben. Was als Ziel „Nachschlagen schwieriger Worte" formuliert wird, hatte Alexander so als Arbeitstechnik kennengelernt und sinnvoll angewandt.

Für das **individuelle Üben der Lernwörter** arbeitete ich mit der **Wort-Schatzkiste**, die jedes Kind bei sich trägt. Ich schrieb ein Lernwort auf eine Karteikarte (16 Lernwörter auf eine kopierfähige Pappe, die ich entsprechend zurecht schnitt). Mit diesem Unterrichtsmittel war eine Vielzahl von **Übungsmöglichkeiten zur Grundwortschatzarbeit** gegeben und das Fotokopieren von Arbeitsblättern zu Übungszwecken ließt sich stark einschränken. Die Wort-Schatzkiste hatte einen hohen Aufforderungscharakter, da sie den Kindern unabhängig von den gängigen Arbeitsblättern die Möglichkeit des materialorientierten Übens bot. Neben den Lernwörtern, die wir themenbezogen als klasseneigenen Grundwortschatz erarbeiteten, bot die Wort-Schatzkiste auch die Möglichkeit einen **individuellen Grundwortschatz** aufzubauen. Auf **„Wunschkarten"** schrieb ich den Kindern Lernwörter auf, deren richtige Schreibweise ihnen beim Schreiben eigener Texte wichtig ist. Diese individuellen Lernwörter wurden ebenfalls in der Wort-Schatzkiste gesammelt.

Übungsmöglichkeiten zur Grundwortschatzarbeit:

- ⇨ Schreibe alle blauen Wörter auf.
- ⇨ Lege die Karten der, die, das vor ein blaues Wort und schreibe es auf.
- ⇨ Suche die Karten zu einem Text, der auf dem Arbeitsplan steht, und schreibe sie auf.
(Beispiel: Ist die Katze da? Nein. Wo ist sie? Bei Mama.)
- ⇨ Lege Sätze und schreibe sie.
- ⇨ Lege eine Wörtertreppe und schreibe sie ab.
- ⇨ Lege von leicht nach schwer und schreibe.
- ⇨ Welches sind deine Lieblingswörter? Lege und schreibe.
- ⇨ Schreibe alle roten, gelben und grünen Wörter nur mit kleinen Buchstaben (2. Halbjahr).

Nachdem im 2. Halbjahr die kleinen Buchstaben anhand einer Klassenzeitung mit den Namen aller Kinder eingeführt waren, entdeckten die Kinder, dass alle blauen Wörter am Anfang einen großen Buchstaben haben. Wir stellten fest, dass dies die Wörter sind, die den Dingen Namen geben, und merkten uns gut: Nur die blauen Wörter schreiben wir am Anfang groß, alles andere wird immer klein geschrieben (Ausnahme: Satzanfang). Der erste Schritt zur Arbeit mit **allgemeinen Regelungen** war gemacht.

Da die Eltern auf dem Infoabend zum Thema „Norm- und kindorientierter Rechtscheibunterricht" erfahren hatten, dass im 1. Schuljahr ein **klassenbezogener Grundwortschatz** von ca. 100 Wörtern aufgebaut wird, hielt ich es für sinnvoll, sie davon in Kenntnis zu setzen, welche Lernwörter wir erarbeitet hatten. An einer Pinnwand vor unserer Klasse hängte ich die jeweils **aktuelle Liste** aus. Sie half den Eltern zu akzeptieren, dass ihr Kind darüber hinaus auch bei den Hausaufgaben so schreiben sollte, wie es die Worte beim Auflautieren hört. Es zeigte sich, dass durch diese Information das Erledigen der Hausaufgaben für Kinder und Eltern weniger mit Stress verbunden war, da engagierte Eltern nun wussten, wie sie mit Falschschreibungen umgehen konnten.

Tipp

Die Wort-Schatzkiste hilft beim Lesenlernen

Neben der Funktion für die Rechtschreibung hatte die Wort-Schatzkiste für Kinder, die am Anfang **Schwierigkeiten beim Lesenlernen** hatten, eine wichtige Bedeutung. Unabhängig von der Arbeit zu einem Werkstattthema lasen meine Kinder **Lesevätern** oder **-müttern** wöchentlich einmal aus der bewährten „Regenbogenlesekiste" (Balhorn) vor.

Ich hatte dabei in der Vergangenheit immer wieder beobachtet, dass Kinder, die das Lesen noch nicht so gut wie ihre Klassenkameraden beherrschen, unter Stress geraten, wenn sie feststellen, dass viele ihrer Mitschüler schon flüssig lesen und sogar laut vorlesen können. Es half nur wenig, ihnen Mut zu machen und zu sagen, dass sie sicher auch bald das Lesen erlernen würden. Um allen Kindern Erfolgserlebnisse zu ermöglichen, konnten den Eltern daher nicht nur die Bücher der Regenbogenlesekiste vorgelesen werden. Die bereits erarbeiteten, bekannten Lernwörter aus der Wort-Schatzkiste boten ebenfalls eine gute Möglichkeit das Lesen mit Hilfe der Leseeltern zu trainieren.

Ein wichtiges Anliegen der Leseförderung muss sein, Misserfolge zu vermeiden und durch Erfolgserlebnisse **Lesemotivation** aufzubauen. Freude am eigenen Leseerfolg erfahren mit Hilfe der Wort-Schatzkiste alle Kinder.

Die Arbeitsmittel Wortkarten, Wort-Schatzkiste, Fensterbild und Lernwörtersammlung wurden von mir nicht zuletzt deshalb eingeführt, weil ich nach einer Alternative zur Arbeitsblattflut suchte. Dies war in meinen ersten Klassen nämlich die Folge des integrierten Rechtschreibunterrichts.

Neben diesen Arbeitmitteln, die im ersten Schuljahr durchgängig verwendet wurden, versuchte ich **das richtige Schreiben** für die Kinder mit unterschiedlichen Mitteln **attraktiv** zu machen. Die Kinder liebten diese **Übungsmittel** und hatten Spaß die jeweiligen Lernwörter zu üben:

⇨ Ein **großes Ei**, das die Kinder aus farbigen Papier ausschneiden, um anschließend häufig das Lernwort EI darauf zu schreiben.

⇨ Viele **rote Herzen**, die übereinander getackert werden. Darauf wird das Wort „DU" geschrieben (ein Geschenk für Mutter/Vater o.Ä.).

⇨ Die aufgezeichnete eigene **Hand**, in die das Wort „ICH" geschrieben wird, zwei Hände für das Wort „WIR".

⇨ Ein farbiger Pappstreifen, an den ein Docht geklebt wird. Auf diese **„Kerze"** wird das Wort „KERZE" geschrieben.

⇨ **Leporellos**, die die Kinder ausschneiden und auf denen sie Pluralbildungen üben. Z.B. ein Gebiss auf dem immer wieder das Wort „ZÄHNE" geschrieben wird.

4.2. Bilderbücher spornen zum Rechtschreiben an

„Das schönste Ei der Welt", Helme Heine

Über das Buch:

Die drei Hühner Latte, Pünktchen und Feder haben einen Disput darüber, wer die Schönste von ihnen ist. Der König um Rat in dieser Angelegenheit befragt sagt, dass diejenige von ihnen Prinzessin werden solle, die das schönste Ei der Welt legt. Alle drei machen sich an die Arbeit. Jedes Ei ist anders, aber jedes Ei ist auch so schön, dass es schöner nicht sein könnte. So kommt es, dass alle drei Hühner Prinzessin werden.

Materialkiste:

- Bilderbuch: **„Das schönste Ei der Welt"** von Helme Heine
- **„Das Ei"** aus der Reihe: Meyers kleine Kinderbibliothek
- große farbige Bilder, die ich zu den Figuren des Buches gemalt und ausgeschnitten habe
- buntes Papier
- Sprechblasen

- Schreib- und Lesebuch zu „Das Ei"
- Verkleidungsutensilien
- Eier in einer Schachtel

Am Beispiel des Bilderbuches „Das schönste Ei der Welt" von Helme Heine und des Kindersachbuches „Das Ei" möchte ich das **vernetzte fächerübergreifende Arbeiten** an einem Werkstattthema in den ersten Schulwochen verdeutlichen.

Die Kinder besuchten seit fünf Wochen die Schule, hatten sich besser kennengelernt und erste neue Freundschaften geknüpft. Jetzt begann aber die Zeit der ersten kleineren und größeren **Konflikte**. Sophie klagte nach der großen Pause einmal mehr über ungebührliches Verhalten und schlug vor, sich im Gesprächskreis über dieses Problem zusammen zu hocken.

Es folgte eine **angeregte Unterhaltung**, bei der deutlich wurde, dass Streit und Eifersüchteleien über die vermeintliche Rangordnung in der Klasse einen großen Teil der Zeit bei den Pausenspielen beanspruchten. Wir überlegten gemeinsam, dass uns dieses Thema in der nächsten Zeit im Unterricht beschäftigen sollte.

Geeignet für eine Werkstatt, die sich mit dem **sozialen Lernen** zu dieser Problematik auseinandersetzt, schien mir das Buch „Das schönste Ei der Welt" von Helme Heine. Gleichzeitig wollte ich aus sachunterrichtlicher Perspektive über die Henne und das Ei sprechen und wählte dafür das Kindersachbuch „Das Ei".

Bei den Leseversammlungen las ich den Kindern das Buch von Helme Heine vor. Die Kinder fühlten sich beim Zuhören angesprochen von den Themen Konkurrenz; wer ist der Stärkste, wer ist die Schönste etc.? In **Rollenspielen** schlüpften sie in ein Kostüm von Pünktchen, Latte und Feder oder in die Rolle des Königs. Nach Spiel und Gespräch über die Konflikte zwischen den Hühnern, lag der Austausch über ähnliche Konflikte in der Klasse auf der Hand. Einige Kinder beschwerten sich, dass bestimmte Jungen immer die Stärksten sein wollen. Ihr Imponiergehabe wäre auf dem Schulhof und dem Schulweg besonders unangenehm. Von diesem problematischen Verhalten ausgehend überlegten wir uns Möglichkeiten für ein friedliches Zusammenspielen, so wie Pünktchen, Latte und Feder es auch geschafft hatten. Wir sammelten weitere Ideen, wie die Kinder mit dem Buch arbeiten könnten, und realisierten in der Woche rund um den Laut „EI" die folgenden **Aktivitäten** zum Teil als offenes Unterrichtsangebot während der Arbeit mit einem Tagesplan:

⇨ Eine der Pinnwände schmückten große selbstgemalte Bilder von Pünktchen, Latte, Feder und dem König. An einer Station lagen **Sprechblasen** bereit, die die

Kinder ihrem individuellen Lernfortschritt entsprechend lautgetreu beschrifteten und anschließend zu den entsprechenden Hühnern hängten. „Ich bin die Schönste", rief nun beispielsweise Pünktchen an unserer Pinnwand.

⇨ Unsere neuen **Lernworte** sollten EI und EIN sein, ihre Schreibweise wollten wir lehrgangsmäßig erarbeiten und üben. Eine gelbe und eine blaue Wortkarte wurden in der Wort-Schatzkiste eingeordnet. Einige Kinder erhielten zusätzlich die Wunschkarte EIS.

⇨ Als **„Fensterbild"** schrieb ich die Lernwörter EI und EIN auf blaues bzw. gelbes Papier und hängte sie für jeden zugänglich auf.

⇨ Die Kinder schnitten aus farbigem Papier **Eier** aus und schrieben darauf viele Male unser Lernwort EI. Diese Eier befestigten wir als Textausstellung an der Pinnwand mit Hühnern und König.

⇨ Ich las aus dem **Sachbuch „Das Ei"** vor. Wir besprachen das Gehörte unter sachunterrichtlichen Aspekten und die Kinder bearbeiteten anschließend ein kleines Lesebuch, das ich in Anlehnung an die Vorlage erstellt hatte.

⇨ Das **Wort EI** sollte an mehreren Stellen gelesen und in Eiform eingekreist werden. Des Weiteren wurde die Schreibweise des Lernwortes EI geübt, das alte Lernwort MAMA musste ebenfalls gelesen und geschrieben werden. Für Kinder, die schon lesen gelernt hatten, befand sich zusätzlich ein **kurzer Sachtext** im Arbeitsheft.

⇨ Lisa brachte **frische Eier** ihrer Hühner mit in die Schule. Die Kinder brieten mit Müttern in Kleingruppen Spiegeleier und verspeisten sie. Nach dem Genuss unterzogen sich die meisten gerne der Mühe das **„Kochrezept"** für das erste Schuljahrbuch aufzuschreiben. Die Lernwörter „ein" und „Ei" mussten in diesen Texten stets richtig geschrieben sein. War dies nicht der Fall, so verwies ich die Kinder auf das „Fensterbild" und forderte sie auf, die Schreibweise des Lernwortes zu kontrollieren und zu korrigieren.

⇨ Fächerübergreifend zur **Mathematik** rechneten die Kinder mit hartgekochten Eiern von Franziskas Hühnern, die sich in einem Eierkarton befanden. Das Rechnen der Minusaufgaben im Zahlenraum bis zehn fiel den Kindern leicht, da wir in der anschließend Frühstückspause die Eier aufessen wollten.

⇨ Ich schlug den Kindern vor, **Bücher zum Thema** „Die Henne und das Ei" mit in die Schule zu bringen. Franziska, unsere Expertin für Hühner, griff die Idee gerne auf. Von diesem Zeitpunkt an lagen zu jedem Thema Bücher aus dem privaten Fundus der Kinder in der Leseecke.

⇨ Zum Abschluss der Unterrichtsreihe stellten wir die **Rollenspiele**, die wir während der Arbeit mit dem Buch „Das schönste Ei der Welt" gespielt hatten, kostümiert größeren Schülern vor.

Aktionen zum Buch:

- Eine Textausstellung in der Schule
- oder eine Schaufenstergestaltung.
- Eier braten, kochen und essen.
- Mit gekochten Eiern rechnen.
- Eine kleine Aufführung zum Buch.

5. Kinder wählen Klassenthemen

„Eine Hand voll Katze", Gina Ruck-Pauquèt

Über das Buch:

Die Katzenmutter hat Junge bekommen und kümmert sich fürsorglich um die Aufzucht und Pflege ihrer Katzenkinder. Mit Bildern und einfachen Texten informiert dieses Sachbuch die Kinder über die Geburt und die ersten Lebenswochen junger Katzen.
(Dieses Buch ist leider im Buchhandel nicht mehr erhältlich. Als Alternative bietet sich das Buch „Katzen" aus der Reihe „Das will ich wissen" vom Arena Verlag an. Es beinhaltet kurze Geschichten für Erstleser, die die Kinder über alles Wissenswerte zum Thema Katzen informieren.)

Materialkiste:

- Kindersachbuch: **„Eine Hand voll Katze"** von Gina Ruck-Pauquèt (ersatzweise das Kindersachbuch **„Katzen"**)
- Fellreste vom Kürschner und schwarzer Filz

- ein Leseheft
- authentische Materialien zum Thema „Alles was die Katze braucht"
- schwarze Pappe, weiße Wollreste
- Korken, Kordel
- Buch und Kassette von Frederik Vahle „Der Katzentanz"

Im Januar hatten die Kinder schon erhebliche Kompetenzen entwickelt, sich aktiv an der Unterrichtsgestaltung zu beteiligen. Dies galt auch für den Aspekt, **Einflussmöglichkeiten bei der Themenauswahl** zu nutzen und eigene Ideen für die Umsetzung eines Werkstattthemas zu entwickeln.

Neben anderen Themenwünschen stand das **Thema „Katze"** auf der Wunschliste, auf der die Vorschläge der Kinder gesammelt wurden. Dennis, einem stolzer Besitzer von zwei Katzen, lag das Thema besonders am Herzen. Der Klassenrat sprach sich einstimmig für die Arbeit an diesem Thema aus, wenn später auch über Hasen, Hunde und Pferde gesprochen würde.

Ich machte deutlich, dass wir nicht alle Themen bereits im ersten Schuljahr bearbeiten könnten, versprach aber eine Hundewerkstatt im zweiten Schuljahr und stellte eine Pferdewerkstatt ebenfalls in Aussicht.

Nachdem wir uns bei einer morgendlichen Gesprächsrunde auf das neue Werkstattthema geeinigt hatten, sammelten wir **Ideen** für die anstehende Arbeit. Die Kinder schlugen vor, ein Buch über Katzen zu lesen, eine Katze in die Klasse zu holen, sich über die Katze als Jäger zu informieren und zum Thema zu malen oder zu basteln. Ich ergänzte ihre Vorschläge um den Aspekt der Rechtschreibung und regte an, ein Lied zu singen und zu tanzen.

Das **leise Lesen** von Büchern während des Unterrichts wollte ich mit dem Buch „Eine Hand voll Katze" anbahnen. Außerdem würde ich bei den Leseversammlungen daraus vorlesen.

Mit sehr schönen Schwarzweißfotos illustriert und einfachen, kindgemäßen Texten beschreibt Gina Ruck-Pauquèt die Geburt von Katzenkindern und ihre ersten Lebenswochen bei der Katzenmutter.

Für das individuelle, leise Lesen stellte ich ein Leseheft zusammen, das einzelne Textpassagen aufgreift und mit Bildern aus der Lektüre illustriert ist.

Im themenbezogenen, integrierten Rechtschreibunterricht sollten die **Lernwörter** „KATZE", „SIE", „KATER" und „WEICH" bezüglich der richtigen Schreibweise während der Arbeit in der Katzenwerkstatt gesichert werden.

Nachdem die Schreibweise der neuen Lernwörter mit der ganzen Klasse in verschiedenen Lehrgangssituationen gründlich erarbeitet worden war, stellte ich den Kindern die **folgenden Materialien** zur Verfügung, die sowohl kind- als auch normorientierte Aspekte der Rechtschreibung berücksichtigten:

⇨ Ich schrieb die Lernwörter der Wortart entsprechend auf blaue, gelbe und grüne Wortkarten, die ich während der Werkstattarbeit als **„Fensterbild“** für jeden zugänglich aufhängte. Das Abschreiben und die Selbstkontrolle zu diesen Lernwörtern war den Kindern während des offenen Unterrichts jederzeit erlaubt.

⇨ Außerdem beschriftete und schnitt ich **farbige Wortkarten** in DIN-A8-Format (in Klassensatzstärke) aus. Diese sortierte jedes Kind in seine **Wort-Schatzkiste** ein. So wollte ich, wie oben beschrieben, gewährleisten, dass alle Kinder die neuen Lernwörter in der Wort-Schatzkiste für die aktuelle und zukünftige Arbeit als persönliches Arbeitsmittel nutzen konnten.

⇨ Im **Leseheft** mussten die Wörter „Katze“, „sie“ und „Mama“ an zum Inhalt des Buches passenden Stellen richtig geschrieben werden. Auf die letzte Seite klebte ich ein Stück Fell vom Kürschner. Es forderte zum Schreiben des Lernwortes „weich“ auf.

Wir arbeiteten ca. zwei Wochen an unserem Werkstattthema, zum Teil auch anhand eines Wochenplans. Die folgenden Aspekte wurden fächerübergreifend sowohl im offenen Unterricht als auch in Lehrgangs- und Gesprächssituationen aufgegriffen:

⇨ Im **Musikunterricht** hörten die Kinder die Kassette „Der Katzentanz“. Sie sangen, tanzten und spielten verkleidet das Lied.

⇨ Die Mutter von Dennis besuchte uns als **Expertin** mit dem Kater der Familie.

⇨ Ein **Ausstellungstisch** forderte die Kinder auf, „Alles, was die Katze braucht“, mit in die Schule zu bringen. Ich schrieb die Namen der entsprechenden Gegenstände auf Reiter, die gelesen und richtig zugeordnet werden konnten.

⇨ Kinder, die Lust hatten, konnten aus einem Korken und einer Kordel ein **Katzenspielzeug basteln**.

⇨ Ich machte das Angebot verknüpfend zum Thema **„Formen“ im Mathematikunterricht** eine Katze als Windspiel herzustellen. Dazu mussten drei schwarze Kreise aus Tonpapier ausgeschnitten werden (mit Hilfe eines Bierdeckels als Schablone). Der oberste erhielt Ohren, Augen und einen Schnurrbart aus Wolle. In den untersten wurde eine Spirale als Schwanz geschnitten. Dann wurden die drei Teile aneinander geklebt.

⇨ Aus schwarzem Filz, Fell und Wolle konnte sich jedes Kind **eine Katze** schneiden und **zusammenkleben**.

⇨ Die Kinder betrachteten Fotos zum Thema **„Die Körpersprache der Katze"** und sprachen mit anderen Kindern darüber.

⇨ Als **Schreibanlass** schrieben die Kinder einen Text über die Katze als Jäger. Bei Unsicherheiten konnte zur Unterstützung eine Bildergeschichte genutzt werden.

Aktionen zum Buch:

- Einen Katzentanz proben und aufführen.
- Eine Expertin mit Katze einladen.
- Einen Ausstellungstisch zum Thema „Was die Katze alles braucht".
- Ein Katzenspielzeug basteln.
- Ein Katzenwindspiel herstellen.
- Eine Katze aus Fell und Stoffresten basteln.
- Anhand von Fotos über die Körpersprache der Katze sprechen.

6. Von kreativen Schreibideen zum Bücherschreiben

6.1. Schreibanlässe, die Spaß machen

Im Mittelpunkt des Unterrichts im Fach Sprache steht das **Schreiben von Texten**. Ich bemühte mich daher, die Kinder zum freien Schreiben von Texten in ihrem Tagebuch, das in der Klasse lag, anzuregen. Erlebnisschilderungen und Geschichten, die dadurch im Tagebuch beschrieben waren, konnten die Kinder ihren Freunden oder mir vorlesen. Ich selber las sie aber nicht und korrigierte sie auch nie. Auf diese Weise wollte ich den Kindern verdeutlichen, dass ich ihre Privatsphäre achte und hoffte, so den Weg bei jedem Einzelnen zum späteren Schreiben eines Tagebuches anzubahnen.

Neben dem **freien Schreiben** ergaben sich aus der Arbeit an den verschiedenen Werkstattthemen eine Fülle von **Schreibanlässen**, die die Kinder schon im ersten Schuljahr nutzten. Sie erfuhren Schreiben als selbstverständliche Form schulischen Lernens in wechselseitiger Kommunikation mit ihrer schulischen und außerschulischen Umwelt. Wichtig war mir nach Formen des Schreibens zu suchen, die sowohl einen hohen Aufforderungscharakter für die Kinder haben als auch Leser bzw. Hörer aufmerksam machen und zu einem positiven Feed-back anregen.

Häufig nutzte ich **Schreibanlässe,** die sich beim Vorlesen eines Buches ergaben. Ich ermunterte die Kinder, Freiräume, die ein Autor oder eine Autorin beim Schreiben eines Buches gelassen hatte, kreativ zu nutzen und mit eigenen Ideen auszufüllen.

- ⇨ So können beispielsweise **Sprech- oder Denkblasen**, die ich bereit lege, die Kinder zum Schreiben eines Dialogs auffordern, den die literarischen Figuren in der Lektüre nicht führen. Mit dieser Form des Schreibens hatte ich die Kinder beispielsweise bei der Arbeit an den Büchern „Oh, wie schön ist Panama" und „Das schönste Ei der Welt" in den ersten Schulwochen vertraut gemacht.
- ⇨ **Briefpapier, Briefumschläge und Postkarten** sind willkommene Schreibanlässe, die dank des Klassenbriefkastens während des offenen Unterrichts oder zu Hause an Freunde, Freundinnen oder die Lehrerin geschrieben werden. Noch mehr Spaß haben die Kinder, wenn sie Post tatsächlich und unerwartet im häuslichen Briefkasten finden. Aus diesem Grund animierte ich die Kinder immer wieder zum Schreiben von Briefen und Karten während der Ferien. Urlaubsgrüße an mich beantwortete ich ebenfalls mit schriftlichen Grüßen an die Kinder und stellte ihre Post darüber hinaus nach den Ferien bei einer Textausstellung aus. Mit der Werkstatt zu Janoschs Buch „Post für den Tiger" war das Schreiben von Briefen und Karten ja bereits in den ersten Schulwochen angebahnt worden.
- ⇨ Nachdem ich während der Werkstatt zum Thema „Gesunde Zähne" das immer wieder vergnügliche Buch „Karius und Baktus" von Thorbjörn Egner vorgelesen hatte, lag eine **Pappschablone** in Form eines Zahnes bereit, die die Kinder auf weiße Pappe malen konnten. Diese „Zähne" luden dazu ein, die persönlichen, aufregenden Zahngeschichten schriftlich festzuhalten. Ein Thema, das Kindern in der Phase des Zahnwechsels zu wirklich spannenden Geschichten animiert, die sie mit großer emotionaler Anteilnahme zu Papier bringen. Später wurden die „Zähne" ausgeschnitten und als „Klassengebiss" an einer Leine aufgehängt. Immer wenn ein Kind ein neues spannendes Erlebnis mit einem Wackelzahn hatte, konnte es seine Zahngeschichte aufschreiben und zu der schon bestehenden Sammlung hängen.
- ⇨ Für eigene **Gespenstergeschichten** lag, nachdem das „Das kleine

Gespenst" von Otfried Preußler durch unsere Klasse gespukt war, eine Gespenst als Schablone bereit.

- Ein DIN-A4-Blatt, das auf DIN-A5-Format gefaltet und mit einem farbigen Umschlag versehen war, lud als preiswert hergestelltes **Geschichtenheft** zum Aufschreiben von Experimenten oder Naturbeobachtungen ein.
- Außerdem schenkte ich den eifrigen Schreibern kleine von mir **gebundene Bücher** in DIN-A6-Format, damit sie ihre eigenen Geschichten hineinschreiben konnten.
- **Einladungen** an die Eltern zum Klassenfrühstück wurden liebevoll gestaltet und beispielsweise auf Papier geschrieben, das die Form einer Milchflasche hat. Nach dem Schreiben wurde ein Strohhalm eingeklebt, der aus der Flasche guckt. Zum Zauberfrühstück lud die Eltern zum Beispiel ein Text auf einem weißen Hasen ein, der in einem schwarzen Zylinder steckt und hinein- bzw. herausgezogen werden kann.
- Das Briefeschreiben in Form einer **Flaschenpost** und das Schreiben auf **angeflämmtem Papier** fanden die Kinder immer wieder attraktiv.
- **Herbstgedichte** schrieben die Kinder auf gepresste Platanenblätter und hängten diese an einen Baum, den ich an unser Fenster gemalt hatte.
- Die Piratengeschichten, die nach einer Phantasiereise bei entsprechender **Musik** gemalt und geschrieben wurden, machten deutlich, wie stark besonders Musik Kinder zu aufregenden Geschichten inspiriert. Wer sich später noch einmal die Musik vergegenwärtigen wollte, konnte diese mit Hilfe des Walkman im offenen Unterricht anhören.
- **Große flache Steine und Muscheln** luden ebenso zum Schreiben ein wie die Holzbretter der Obstkisten vom Markt.
- Verschiedene Arten von **Schriftrollen** waren ebenfalls eine willkommene Schreibunterlage für eigene Texte und Geschichten.
- **Dreieckige Wimpel mit einer Schnur versehen** hingen an einer langen Kordel und hielten die Ferienerlebnisse der Kinder in schriftlicher Form fest.
- usw., usw., usw.

In Hefte oder auf Arbeitsblätter schrieben wir in der Regel nur zum Üben. Denn ich wollte den Kindern die Erfahrung ersparen, dass ihre mit viel Mühe und Sorgfalt erstellten Texte im Altpapier landeten, wenn ein Heft voll war. Alle sollten grundsätzlich Wertschätzung für ihre Arbeit erfahren, indem ihre Texte in einer attraktiven äußeren Form zum Lesen aufforderten.

Viele Arbeitsergebnisse zu einem Thema wurden an Pinnwänden auf den Fluren als **Textausstellung** aufgehängt. Sie luden interessierte Mitschüler zum Verweilen ein, vernetzten das Zusammenleben der Kinder unserer Schule und förderten das Gespräch zwischen den Kindern aus unterschiedlichen Klassen.

Doch wohin mit den Schülertexten? Klar, zum **Bücherbinden**.
Wichtiger als die kurzfristige, aktuelle Präsentation der Schülertexte im Rahmen oder im Anschluss an eine themenbezogene Werkstatt war, die Texte den Kindern dauerhaft zugänglich zu machen. Die Idee, Bücher mit Kindern zu schreiben und zu binden, lag daher auf der Hand. Ein Buch ist immer verfügbar und ermöglicht dauerhaften Zugriff auf zurückliegende Arbeiten. Nachdem eine Werkstatt abgeschlossen war, lud ein Buch dazu ein, sich erneut mit dem Thema zu befassen, sich zu erinnern, Vergessenes zu vergegenwärtigen und das Thema altersentsprechend zu vertiefen.

Das eigene Buch machte den Kindern das Angebot, sich als Autor zu erleben und in dieser Rolle Verständnis und Wertschätzung für die Arbeit und das Werk von Kinderbuchautoren zu entwickeln. Ziel war es, die Liebe zum Buch durch die aktive Selbsterfahrung als Autorin oder Autor zu untermauern.

Um die vielen Briefe, Geschichten und Sachtexte zu erhalten, sammelten meine Schülerinnen und Schüler ihre Texte. Wir schrieben und malten **Bilderbücher** und **Klassenbücher**, und jedes Kind sammelte seine Texte zu dem jeweiligen Werkstattthema und band daraus ein **themenbezogenes Buch.**

Von Zeit zu Zeit banden wir **Bücher, die zum Verschenken** gedacht waren. Beispielsweise fertigten wir für die Experten, die uns ihre Zeit geschenkt hatten, entsprechende themenbezogene Bücher an. So dienten die Bücher als kleines Dankeschön.

Alle Texte, die einem Kind wichtig waren, wurden in einer **persönlichen Mappe** gesammelt, die in der Schule stand. Im ersten Schuljahr band ich mit Eltern am Ende eines Jahres daraus ein Buch. So entstand das Jahrbuch, das Kernstück des Unterrichts während der vier Schuljahre an der Grundschule. Am Ende eines Jahres dokumentierte dieses persönliche Jahrbuch die Arbeit und die Lernentwicklung, die ein Kind während der zurückliegenden Monate gemacht hatte. Es war ein gut gehüteter Schatz, den jedes Kind am Ende des

Schuljahres nach Hause trug. Ein persönliches Dokument, das die Ziffern oder Worte auf dem Zeugnis mit Leben füllte. Bei den **Formulierungen im Zeugnis** hatte ich dazu beispielsweise geschrieben:

„Schnell kannte Tina alle Laute und Buchstaben unserer Anlauttabelle und machte sich emsig an die Arbeit Briefe, Geschichten und Sachtexte zu formulieren. Ihr Buch vom ersten Schuljahr zeigt, dass sie mit Vergnügen das Schreiben erlernt hat."

„Die Laute und Buchstaben unserer Anlauttabelle kannte Tom nach kurzer Zeit. Er nutzte dieses Wissen, um sich auf den Weg in die Welt des Schreibens und Lesens zu begeben. Für sein Buch vom ersten Schuljahr schrieb er viele Geschichten und Sachtexte, so dass es ein Vergnügen ist, darin zu lesen. Seine Beiträge für unsere Klassenbücher hörten und betrachteten wir gerne. Toll war die Traumgeschichte für unser Buch über die drei Freunde von Helme Heine."

Schon in der zweiten Klasse können die Kinder nach der Technik des **Lumbeck-Verfahrens** selbst das Jahrbuch binden.
(Bücherbinden nach dem Lumbeckverfahren siehe S.116 ff.)

Wie ich von ehemaligen Schülern immer wieder höre, lesen sie auch nach einigen Jahren noch mit Vergnügen in ihren **Jahrbüchern** aus der Grundschulzeit. Die Klassenbücher wiederum sind für mich später ein Schatz, der mich an Schülerinnen und Schüler erinnert, mit denen ich viele Stunden meines Lehrerinnenlebens verbracht habe.

Nicht zuletzt hat das eigene Schreiben von Büchern eine nicht hoch genug einzuschätzende Bedeutung für den Aufbau einer stabilen Lesemotivation bei den jungen Schreibern. Sich selbst in der Autorenrolle zu erleben verstärkt die Bereitschaft vieler Kinder, sich von der Welt des Lesens verlocken zu lassen und aktiv gestaltend darauf Einfluss zu nehmen.

6.2. Unser erstes Klassenbilderbuch

„Pinguin Pit", Marcus Pfister

Über das Buch:

Der junge Pinguin Pit ist traurig, weil er noch nicht mit den großen Pinguinen ins Meer zum Schwimmen gehen kann. In dieser Situation knüpft er Freundschaft mit einem Vogel, der auf der Durchreise ist. Die beiden Freunde verbringen viele vergnügte Stunden miteinander, bis der Vogel mit seinem Schwarm die Weiterreise antreten muss. Erneut empfindet Pit eine tiefe Traurigkeit, die aber bald vergessen ist, als er endlich schwimmen lernt und mit den anderen Pinguinen der Kolonie auf Entdeckungsreise ins Meer gehen kann.

Materialkiste:

- Das Bilderbuch **„Pinguin Pit"** von Marcus Pfister.
- Ein großer und ein kleiner Pinguin als Stofftier.
- Ein Plakat von Marcus Pfister mit einem gezeichneten Pinguin.
- Styropor und ein blauer Müllsack.

Zwei selbst gemachte „Hosentaschenbücher" mit leichtem Lesestoff und Übungsmöglichkeiten zum Schreiben der Lernwörter.

Wie ich bereits ausgeführt habe, hatte meine Klasse zu „Oh, wie schön ist Panama" ein Schaufenster in einer Buchhandlung gestaltet. Einige Wochen später erfuhr ich, dass diese Buchhandlung in Zusammenarbeit mit der Moerser Zentralbibliothek beabsichtigte, den **Autor Marcus Pfister** einzuladen.

Der erfolgreiche Bilderbuchautor wollte sich in den Räumen der Bibliothek den Kindern vorstellen und dort mit ihnen malen. Ich bemühte mich um Karten für die **Veranstaltung**. Als Dankeschön für die Schaufenstergestaltung wurden wir von der freundlichen Buchhändlerin dazu eingeladen. Toll! Jetzt hatten die Kinder der Klasse Gelegenheit, den Autor des Buches „Der Regenbogenfisch" kennenzulernen. Die Kinder kannten das Bilderbuch bereits aus den ersten Schulwochen und freuten sich auf die persönliche Begegnung mit dem Autor.

In einem **angeregten Gespräch** mit den Jungen und Mädchen zeigte Pfister, wie er mit wenigen Strichen die Tiere malt, die durch seine Bilderbüchern zu literarischen Freunden der Leser werden. Seine aufmerksamen Zuhörer erhielten auf Wunsch ebenfalls Papier und Buntstifte und malten ihrerseits Tiere, die ihrer Fantasie entsprangen. Ein reger Gedankenaustausch über das Gemalte zwischen Marcus Pfister und den kleinen Künstlern entwickelte sich.

Am Ende der kurzweiligen Veranstaltung erhielt die Klasse zusätzlich noch ein Geschenk. Ein von Pfister gezeichnetes Plakat von Pinguin Pit, der mit wenigen Strichen dahingezaubert worden war. Natürlich kaufte ich daraufhin das Buch von „Pinguin Pit". Ich wollte den Kindern Gelegenheit geben, den Pinguin auf dem Plakat näher kennenzulernen. Ich bat den Autor um eine persönliche Widmung für die Klasse und ließ ihn das Buch signieren.

Als wir uns am nächsten Morgen in der **Gesprächsecke** versammelten, lag auf dem Boden eine blaue Folie, auf der „Eisschollen schwammen". Ein kleiner Pinguin stand einsam daneben. „Da ist ja ein Pinguin!" „Der ist ja ganz allein." „Der ist von Marcus Pfister." „Wo ist denn seine Mama?", „Und wo sind die anderen Pinguine?", riefen die Kinder aufgeregt durcheinander. Ich zeigte den Kindern das Bilderbuch von Pfister. Dennis, der neben mir saß, las sofort mit klarer Stimme: „Pinguin Pit". Spontan wünschten sich die Kinder, ich sollte das Buch vorlesen. Ich begann mit der Widmung des Autors für die Klasse. Wir bestaunten den kleinen Pinguin, den Pfister extra für uns gemalt hatte. Am liebsten hätte jeder ein Bild von Pinguin Pit gehabt, also versprach ich den Kindern eine Kopie der Zeichnung auf dem Titelbild eines Hosentaschenbuches.

Bei meiner Vorbereitung für die Arbeiten zu „Pinguin Pit" war mir deutlich geworden, dass es in kindgemäßer Weise die **Gefühle** „traurig sein" und „sich freuen" behandelt. Dem Gespräch über sowie der Wahrnehmung von Gefühlen wollte ich in dieser Unterrichtseinheit besonders weiten Raum geben.

Wichtige Anregungen dazu entnahm ich dem Buch **„Emotionale Intelligenz"** von Daniel Goleman. Er führt aus, dass der Erfolg im Leben höchstens zu 20% vom IQ abhängig ist, und im übrigen von *„sonstigen Eigenschaften"*. Goleman geht es in seinem Buch *„... um eine wichtige Teilmenge der sonstigen Eigenschaften, die Intelligenz der Gefühle."* (Goleman, a.a.O. S. 54). Die Selbstwahrnehmung eigener Gefühle ist, wie er ausführt, entscheidend für die Entwickung der Fähigkeit eigene Emotionen zu steuern und damit die Erfolgswahrscheinlichkeit im Leben zu steigern (vgl. ebd. S. 150).

Ich wollte die Kinder für die **Wahrnehmung von Gefühlen** sensibilisieren. Als Hilfsmittel bot ich ihnen daher an, sich in die Perspektive einer literarischen

Figur hineinzuversetzen. „Pinguin Pit" schien mir geeignet, die Wahrnehmungsweisen und Gefühle von literarischen Personen anzubahnen.
Ich unterbrach folglich beim Vorlesen des Bilderbuches an der Stelle, als Pit weint und traurig ist, weil er nicht wie die anderen Pinguine schwimmen kann.

Die Kinder sprachen über das Gehörte, sie erzählten über ähnliche Gefühle, die sie im Zusammenleben mit älteren Geschwistern empfunden hatten, pflichteten einander bei und tauschten ihre Erfahrungen zu diesem Thema aus.

Plötzlich sagte Max, ein sehr ruhiger zurückhaltender Junge:
„Ich bin traurig wie der Pit, weil ich nicht so gut schreiben kann wie die anderen."

Ich freute mich, dass er den Mut zu dieser sehr **persönlichen Bemerkung** hatte und eine vermeintliche Schwäche offen ansprach.
Max hatte damit ein sensibles Problem thematisiert, das mehrere Kinder betraf. Diese Sorge tritt bei Kindern auf, wenn sie Gelegenheit haben, in Phasen des offenen Unterrichts ihrem individuellen Lernfortschritt entsprechend das Schreiben und Lesen zu erlernen. Während ungefähr im Oktober/November schon relativ viele Kinder lesen und schreiben können, leiden andere darunter diese Fähigkeit noch nicht erlernt zu haben. Sie beobachten die Lernfortschritte ihrer Mitschüler und Mitschülerinnen und fragen sich sorgenvoll, ob sie selbst wohl je so gut lesen und schreiben werden können.
Bei unserer Leseversammlung sprach also ein Kind das meines Erachtens **gravierendste Problem** an, das bei einem Unterrichtsstil auftritt, der jedem Kind seinen individuellen Lernfortschritt einräumt. Zu keinem anderen Zeitpunkt in den ersten Schuljahren wird Kindern durch Vergleichen des eigenen Könnens mit dem der anderen Kinder so klar, wie ihr eigener Leistungsstand ist. Ob es schreiben und lesen kann, stellt ein Kind schonungslos selbst fest.

Natürlich rede ich mit den Kindern darüber, versuche sie zu ermutigen und erkläre ihnen, dass sie sicher bald ebenfalls einen großen Sprung machen werden. Doch nicht immer gelingt es, die **Sorge der Kinder** zu zerstreuen und sie verflüchtigt sich manchmal erst nach Weihnachten, wenn in der Regel die meisten Kinder ihre Gedanken aufschreiben und fremde Texte lesen können.

Max sagte also während unserer Leseversammlung an einem Morgen im November: „Ich bin traurig, wie der Pit, weil ich nicht so gut schreiben kann wie die anderen."

Die Kinder reagierten sehr einfühlsam und Max durfte alle Kinder aufrufen, die zu dem Thema etwas beisteuern wollten. Es waren sieben Jungen und Mädchen, die sich ein Herz fassten und offen über ihre Ängste und die damit verbundene Traurigkeit sprachen. Andere Kinder, denen es bis vor kurzem ähnlich ergangen war, meldeten sich und erzählten, dass sie diese Sorgen ebenfalls kennen. Sie machten Mut, dass es mit dem Lesen und Schreiben bei den betroffenen Kindern sicher ebenso plötzlich klappen würde wie bei ihnen. Kinder, die schon lange lasen, berichteten, dass sie eines Tages lesen konnten, aber nicht wussten, wie es geschehen war.

Zum ersten Mal hatten die Kinder bewusst Nähe und Vertrautheit in einem **Gespräch über Gefühle** füreinander empfunden, waren hilfreich und solidarisch miteinander umgegangen.

Ich las weiter aus dem Bilderbuch vor. Pit freut sich, dass er endlich schwimmen lernt, und ist nicht mehr zu bremsen. Und alle Pinguine freuen sich mit ihm. Die Kinder der Klasse unterhielten sich über das Gehörte und tauschten sich erneut intensiv darüber aus.

Anna Thea schlug vor, ein Bild zu Pinguin Pit zu malen. Philipp wollte außerdem etwas schreiben. Bevor es losging, betrachteten wir das Plakat von Pfister und erinnerten uns. Zuerst hatte er ein Ei gemalt und dieses anschließend in die unterschiedlichsten Pinguine verwandelt. Zu unserer großen Überraschung brachte Sophie einen schier unerschöpflichen Stapel DIN-A3 Blätter mit. Damit konnte jedes Kind ungebremst der Lust am Malen und Schreiben nachgehen.

Die Bilder und Texte der Kinder waren beachtlich. Jeder Aspekt des Buches fand sich wieder, denn jedem war etwas anderes wichtig gewesen. Ich schlug den Kindern vor, aus den tollen Bildern ein eigenes **großes Bilderbuch** für die Klasse zu binden. Mit dieser Idee waren sie sofort einverstanden.

Da für Schulanfänger der **schnelle Erfolg** besonders wichtig ist, klebte ich noch am selben Tag die Arbeiten der Kinder auf großes farbiges Tonpapier. Ihre Geschichten tippte ich mit großer Schrift ab und klebte sie auf jedes Bild. Abschließend brachte ich die Arbeiten der Jungen und Mädchen in die richtige Reihenfolge und band das große Buch mit Bändern zusammen. Alle Autorinnen und Autoren malten auf ein leeres Blatt im Buch einen Pinguin und schrieben ihren Namen dazu. Als krönenden Schluss gestaltete Karolin ein wunderschönes Titelbild. Das erste Klassenbuch war fertig.

Andächtig lauschten die Kinder bei der Leseversammlung dem Verlauf der Geschichte, die sie geschrieben hatten. Bei der abschließenden Reflexion zeigte sich, dass die Kinder von ihrem eigenen Tun sichtlich beeindruckt waren.

Tipp

Beim Abschreiben mit dem PC beachtete ich Faktoren, die die **Lesbarkeit der Texte** für die Kinder erleichtern sollten (vgl. Marenbach: „Probleme der Textverständlichkeit", in Beisbart u.a.: „Leseförderung und Leseerziehung", S. 45):

- ⇨ eine 18-Punkte-Schrift vor allem für jüngere Leser
- ⇨ einen den Kindern vertrauter Schrifttyp
- ⇨ kurze Zeilenlänge
- ⇨ Flattersatz mit der Zusammenfassung von Sinneinheiten
- ⇨ kurze Worte mit maximal sechs Buchstaben
- ⇨ Wiederholung von bekannten Wortbildern

Am nächsten Morgen zeigte ich der Klasse bei der Leseversammlung die **Gemeinschaftsarbeit**. Die Erstklässler waren stolz auf das erste gemeinsame Buch. Jetzt konnte jeder, der wollte, während der Wochenplanarbeit in unserem Bilderbuch lesen, das auf einem Ausstellungstisch vor der Klasse lag.

Wir hatten unseren **Ausstellungstisch** mit einer blauen Folie abgedeckt, den

Südpol mit Eisschollen aus Styropor aufgebaut und dazu die vielen Stoffpinguine gestellt, die die Kinder mitgebracht hatten. Die Kinder konnten beim Lesen mit den Pinguinen kuscheln, spielen und so das Buch von Pinguin Pit für sich erfahrbar und lebendig werden lassen.

Die sicheren Leser machten sich daran, einzelne Seiten aus dem Originalbuch von Pfister zu lesen. Alina hatte für uns in der Bücherei ein Buch über Pinguine ausgeliehen, das ebenfalls zur Lektüre einlud. Andere Kinder lasen Wortkarten auf dem Ausstellungstisch, auf denen stand: WIR MALEN PIT. WO IST PIT? DA IST PIT. Es waren Texte, die alte und die neuen Lernwörter aufgriffen (WIR, MALEN, PIT). So konnten sie von jedem leicht gelesen werden. In DIN-A6-Format stellte ich für die Kinder zum individuellen, leisen Lesen ein sogenanntes **Hosentaschenbuch** her. In der Hosentasche sicher aufbewahrt, hoffte ich, dass es die Kinder bei allen denkbaren Gelegenheiten zum Lesen und vielleicht auch Vorlesen animieren würde.

Im Januar stellten wir unser Bilderbuch und die anderen Arbeiten zu Pinguin Pit in der Zweigstelle der **Zentralbibliothek** aus. Schon bald berichteten einige Kinder im Gesprächskreis, dass sie in der Bücherei gewesen wären und in unserem Klassenbilderbuch gelesen hätten. Sie wussten zu berichten, dass sogar fremde Leute das Bilderbuch lasen. Philipp hatte ihnen ezählt, dass unsere Klasse das Buch von Pit selbst geschrieben hatte. Auch Henrik wusste Ähnliches zu erzählen und die anderen nahmen sich vor, ebenfalls in die Bibliothek zu gehen.

In den folgenden Wochen berichteten im Morgenkreis immer wieder Kinder, dass sie in der **Bücherei** waren, um dort unser Bilderbuch zu lesen bzw. ihren Eltern daraus vorzulesen.

Aktionen zum Buch:

- Einen Ausstellungstisch mit „Eisschollen“, Pinguinen, Büchern zum Schmökern und Spielen aufbauen.
- Ein eigenes Klassenbilderbuch in schreiben und malen.
- Das Bilderbuch in der Bibliothek ausstellen.

6.3. „Das schreib ich für mein Buch!"

„Weihnachtsgeschichten vom Franz", Christine Nöstlinger

Über das Buch:

Franz verbindet eine tiefe Zuneigung mit Gabi, die in seiner Nachbarschaft wohnt.

Wie in jedem Jahr möchte er seine Freundin mit einem Weihnachtsgeschenk überraschen, das ihren Wünschen in jeglicher Hinsicht entspricht. Sorgen bereitet ihm die Vorstellung, dass Gabi ihn ihrerseits, wie in den Vorjahren, mit einem alten, nutzlosen Gegenstand beschenken könnte, der in keiner Weise seine Wünsche berücksichtigt.

Richtig wütend wird er, als er fest stellt, dass es auch in diesem Jahr wieder so sein wird, während Gabi für seinen Rivalen liebevoll einen Uhr ausgewählt hat.

Diese Schmach will Franz nicht länger erdulden und tauscht kurz entschlossen vor der Bescherung die bereitliegenden Weihnachtsgeschenke aus.

Auf diese Weise kommt er schließlich den Besitz der begehrten Uhr, ohne dass Gabi es verhindern könnte.

Da **Humor** einen **Hauptleseanreiz** für Kinder darstellt, nutzte ich diesen Aspekt dazu, die Kinder zum Lesen anzustiften.

Die natürlich gegebenen Leseantriebe der Kinder greife ich bei der Auswahl der Kinderbücher immer wieder gezielt auf. Im Sinne einer fruchtbaren Leseförderung sind Humor und Witz wichtige Helfer, die den Spaß am Lesen wecken. Ein wichtiger Aspekt, der berücksichtigt werden sollte, wenn man den Kindern das Lesen so wertvoll wie möglich machen möchte.

Eine **heitere Leseerfahrung** hatte die Klasse in der Adventszeit mit den überaus witzigen „Weihnachtsgeschichten vom Franz" gemacht. Christine Nöstlinger versteht es geschickt, die jungen Leserinnen und Leser an die nicht ganz unkomplizierte Geschichte von Franz und Gabi zu binden. Energisch bestanden die Kinder auf der täglichen Leseversammlung. Erst recht, nachdem ich das Vorlesen unterbrechen musste. Das Bild von Franz, der von seiner angebeteten Gabi eine Duschhaube geschenkt bekommt, malte ich mir so lebendig in meiner Fantasie aus, dass ich laut losprustete und mir vor Lachen die Tränen abwischte.

Um den Zuhörerinnen und Zuhörern einen aktiven Zugang zur Lektüre zu ermöglichen, richteten wir einen **Ausstellungstisch** ein. Viele Kinder brachten eine große Anzahl der Weihnachtsgeschenke mit, die in dem Buch erwähnt werden. Neben Schraubenziehern, Vasen, Schiffen etc. fand sich dort natürlich auch die ausgediente Duschhaube. Die **authentischen Materialien** unterstützten die Erstklässler dabei, den Spannungsbogen beim Zuhören aufrecht zu erhalten. Sie erleichterten ihnen täglich den Einstieg in die Handlung der Fortsetzungsgeschichte.

Bevor ich preisgab, was Christine Nöstlinger für die Bescherung von Franz und Gabi eingefallen war, hatten die Kinder Gelegenheit, schreibend in den Verlauf der Geschichte einzugreifen. Viele **kreative Schreibideen** wurden mit Hilfe der Anlauttabellen von den Erstklässlern zu Papier gebracht. „Eine schöne Bescherung" hieß unser Thema. Nachdem sich alle bei den Leseversammlungen köstlich darüber amüsiert hatten, wurden die Texte zu den anderen Schätzen für das erste Jahrbuch gelegt.

Den Spaß, den Kinder beim Hören einer humorvollen Geschichte empfinden, wollte ich erneut mit dem Buch **„Irma hat so große Füße"** von **Ingrid** und **Dieter Schubert** wach werden lassen. Ich hoffte, dass meine Kinder den Erlebnissen einer Hexe, die auf einer Zahnbürste fliegt, ebenso vergnügt folgen würden, wie dem „Beziehungsstress" von Franz und Gabi.

„Irma hat so große Füße", Ingrid und Dieter Schubert

Über das Buch:

Es herrscht große Aufregung im Hexenwald, denn Irma, die kleine Hexe, die stets von allen gehänselt wird, ist verschwunden. Sie ist mit ihrem Hexenbesen bei Lore im Badezimmer gelandet, weil sie sich verflogen hat. Irma eignet sich Lores Zahnbürste als Hexenbesen an und fliegt damit einige Runden durch das Bad. Natürlich kann Lore sich nun nicht die Zähnen putzen. Es entwickelt sich ein Gespräch zwischen beiden, in dem sich herausstellt, dass beide leiden, weil sie von anderen gehänselt werden. Lore wegen ihrer Segelohren und Irma wegen ihrer Quadratlatschen. Die beiden helfen sich gegenseitig. Lore putzt Irmas Zähne, so dass ihr alle Zaubersprüche wieder einfallen und malt ihr die Schuhe toll an. Irma revanchiert sich und bringt Lore bei, wie sie ihre Ohren zum Fliegen nutzen kann.

Das Bilderbuch „Irma hat so große Füße" lese ich meinen Schulkindern immer wieder mit besonderem Vergnügen vor, weil es sich einfühlsam und gleichzeitig humorvoll mit der **Problematik des Andersseins** beschäftigt. Ansprechend illustriert und die Phantasie beflügelnd läßt es dabei einen großen Spielraum für eigene

Ideen und Aktivitäten. Auf witzige, humorvolle Art setzt es sich mit der Diskriminierung anderer auseinander, die wegen eines vermeintlichen Makels ausgegrenzt werden. Kinder lernen hier sich in andere hineinzuversetzen und Empathie zu empfinden. Da das Thema Hexen immer wieder in besonderer Weise geeignet ist, die **Phantasie der Kinder** zu beflügeln, schien mir die Lektüre auch unter dem Aspekt der möglichst großen Beteiligung der Kinder an der inhaltlichen Planung des Werkstattunterrichts ergiebig zu sein.

Materialkiste:

⇨ Bilderbuch: **„Irma hat so große Füße"** von Ingrid und Dieter Schubert
⇨ grüne und andersfarbige Perücke, schwarzer Hexenumhang, übergroße Schuhe, ein Hexenhut und eine Zahnbürste
⇨ ein kleiner Drache
⇨ Briefpapier und -umschlag (im Klassensatz)
⇨ Besenstiel, Birkenreisig und Kordel
⇨ Kugeln, Modelliermasse, Fellreste, Stoffreste, Schaschlikspieße und Pappteller für eine Hexe (im Klassensatz)
⇨ evtl. alte Schuhe und Abtönfarbe (falls Sie nach Irmas Vorbild alte Schuhe mit den Kindern bemalen wollen)
⇨ eine Schablone in Form eines Hexenhutes
⇨ Bierdeckel und Musterbeutelklammern (zum Bau einer Uhr)
⇨ Kassetten zu Otfried Preußlers „Die kleine Hexe"
⇨ Lied: Anne Kaffeekanne von Frederik Vahle

Ich wollte die **Neugier und Phantasie** der Kinder **wecken**, die sich einstellt, wenn man sie mit einer Fülle unterschiedlichster Materialien konfrontiert. Mit einer Kiste beladen, betrat ich schwer bepackt kurz vor Karneval das Klassenzimmer. In der Phase des gleitenden Unterrichtsbeginns legte ich die ersten Utensilien auf ein großes Tuch, das auf dem Boden unserer Gesprächs- und Leseecke ausgebreitet war. Interessiert kamen die ersten Kinder dazu, betrachteten und bestaunten verschiedene Dinge, probierten einzelne Verkleidungsstücke an und wunderten sich in zwanglosem Gespräch untereinander, was Zahnbürste und Zahncreme mit der grünen Perücke, dem durchlöcherten Umhang, dem Hexenhut und den anderen Dingen gemein haben könnten. Sie kamen zu keinem endgültigen Schluss. Dass sich das neue Werkstattthema jedoch um Hexen drehen musste, lag für alle auf der Hand.

Wir versammelten uns zum **Morgenkreis**. Es konnte losgehen!

Der Buchstabe der Woche musste H wie Hexe sein, das war allen sofort klar. Beim Besprechen des neuen Lautes hielten wir in kurzer Entfernung die Hand vor den Mund. „Habt ihr den leichten Luftzug in eurer Hand gespürt?“, fragte ich „Es ist der Wind, der weht, wenn die Hexe auf ihrem Hexenbesen vorbei fliegt.“ Alle probierten es. Ja es stimmte, H wie Hexe.

Nachdem wir uns gründlich mit dem neuen Laut auseinandergesetzt hatten, sammelten alle Kinder **Vorschläge**, was sie in der **Hexenwerkstatt** machen wollten:

- ⇨ Eine **Hexe basteln** wollte Kristina.
- ⇨ Sich **als Hexe** zu **verkleiden** und ein Spiel dazu zu spielen, schlug Britta vor.
- ⇨ Einen **Hexenbesen binden** und damit davonfliegen wollte Christof.
- ⇨ Ein **Buch über Hexen** vorzulesen, war Katrins Idee.
- ⇨ Zum **Hexengeschichten-Schreiben** hatte Gregor besonders Lust.
- ⇨ Mit einem **Wochenplan** arbeiten wollte wie bei jedem Thema Benedict.
- ⇨ Die **Wörter „Hexe“** und **„Hut“ richtig** zu **schreiben**, hielt Daniel für wichtig.

Ich notierte eifrig die sprudelnden Ideen der Kinder und versprach, sie im neuen Arbeitsplan aufzugreifen.

Es zeigte sich erneut, dass Kinder kompetent in der Lage sind, sich an der Arbeitsplanung zu beteiligen. Beim Aufstellen des Wochenplans erweiterte ich ihre Vorschläge um die Aufgabe ein Gedicht zu lesen und zu lernen.

Zum Text passend sollte aus einem Bierdeckel, Pappe und einer Musterklammer eine Uhr gebastelt werden. Durch das Erlernen der vollen Stunde als Uhrzeit wurde die Verknüpfung des Werkstattthemas mit dem Mathematikunterricht gewährleistet.

Der **Arbeitsplan**, der jedem Kind während der Werkstattarbeit Orientierung gab, enthielt die folgenden fünf Aufgaben:

1. Lies das Gedicht und lerne es mit einem Partner auswendig.

   Morgens früh um sechs, kommt die kleine Hex'.
   Morgens früh um sieben schabt sie gelbe Rüben.
   Morgens früh um neun geht sie in die Scheun.
   Morgens früh um zehn holt sie Holz und Spän.
   Feuert an um elf, kocht dann bis um zwölf.
   Fröschebein und Kröt und Fisch.
   Hurtig, Kinder, kommt zu Tisch.“
   (Volksgut)

2. Baue dir eine Uhr (aus einem Bierdeckel).

3. Schreibe eine Hexengeschichte.

4. Arbeite mit den Lernwörtern „Hexe“, „Hut“ und „hat“.

5. Du kannst dir eine Hexe basteln.

In der **anheimelnden Atmosphäre** unserer Gesprächsecke las ich den Kindern das Buch „Irma hat so große Füße“ vor. Ich bemühte mich durch die Art des Vorlesens, die Kinder zusätzlich für das Buch zu begeistern. Auf den Händen trug ich eine grüne Perücke, wie Irma sie trägt und eine lockige Perücke, die an Lore erinnert. Las ich einen der Dialoge zwischen Irma und Lore vor, so sprach und spielte ich gleichzeitig mit diesen beiden „Köpfen“, wie bei einem Rollenspiel.

Wertvolle Tipps, die **beim Vorlesen** beachtet werden sollten, fand ich bei Beisbart: „Der Ton macht nicht nur die Musik...“ (in Beisbart u.a.: „Leseförderung und Leseerziehung“, S. 167ff.). Ich bemühte mich, beim Vorlesen die Atmosphäre des Buches so zu treffen, dass die zuhörenden Kinder sich für das Gehörte öffneten und die Bereitschaft wuchs, sich quasi in die Handlung des Buches einbeziehen zu lassen.

An mehreren Stellen unterbrach ich beim Vorlesen. Wir tauschten uns über den Inhalt der Geschichte aus und die Kinder nahmen Impulse für ihre Arbeit in der Phase des offenen Unterrichts mit. Dazu gehörte auch, dass wir erörterten, inwieweit sich aus dem Gehörten **Schreibideen** für die eigene Hexengeschichte entwickeln ließen.

Die Kinder arbeiteten intensiv in der dem **Wochenplan** vorbehaltenen Zeit. Dabei wählten sie selbst den Zeitpunkt, wann sie eine der Aufgaben an den unterschiedlichsten Stationen erledigten. Ob sie das Gedicht allein, zu zweit oder in einer Gruppe lesen und lernen wollten, blieb ihnen überlassen. Auch die Orte, wo gelernt wurde, variierten. Einige Kinder saßen auf dem Lesesofa vor der Klasse, andere in der Gesprächsecke, wieder andere lernten auf dem Korbsofa im kleinen Gruppenraum. Ich beobachte immer wieder, dass Kinder es lieben, wenn sie ihren festen Platz in der Klasse verlassen dürfen und sich bei der Arbeit bewegen können. Bewegung fördert die Lernbereitschaft und Konzentration der Kinder. Natürlich ist es aufgrund dessen in der Klasse nie ganz ruhig, aber ich halte die konstruktive Arbeitsunruhe für unerlässlich.

An einem Gruppentisch im Nebenraum wurde eine **Hexe** mit vielen attraktiven Materialien zusammengebaut. Aus einem vorgeschnittenen Pappteller wurde ein Kegel geformt. An ihm befestigten die Kinder bunten Stoff mit einem Tacker, sodass der Körper der Hexe entstand. Nun nahmen die Kinder eine Kugel aus weichem Material (Styropor o.Ä.), bohrten einen Schaschlikstab hinein und stellten das Ganze in eine Flasche. Auf der Kugel konnte jetzt das Gesicht der Hexe mit Hilfe einer luftrocknenden Modelliermasse entstehen. Zum Schluss bekam die Hexe Haare aus Fell und der Kopf wurde mit dem Schaschlikstab durch die obere Öffnung des Kegels geschoben. Fixiert wurde der Kopf innen mit einem Stück Knete.

An dieser Station konnten immer nur vier Kinder arbeiten, die sich dorthin begaben, wenn ein Arbeitsplatz frei war. Diese Form der **freien Gruppenarbeit** förderte optimal das Miteinander der Kinder. Das Zufallsprinzip und nicht die Neigung, sich nach Freundschaften zusammen zu schließen, entschied hier über die Gruppenzusammensetzung.

Ich halte es für ausgesprochen wünschenswert, dass die Kinder während der offenen Unterrichtssituationen in ständig wechselnden Konstellationen zusammenarbeiten. Es begünstigt das soziale Zusammenleben und Zusammenarbeiten, das beim Arbeiten in einer festen Sitzordnung nicht möglich ist. Positive Erfahrungen des sozialen Lernens mit Partnern, die nicht zu den engsten Freunden gehören, werden auf diese Weise angebahnt, neue

Freundschaften aufzubauen wird erleichtert.

Dass die Kinder sich gegenseitig helfen, förderte ich ausdrücklich. Dies geschah beispielsweise, wenn ein Kind, das gut lesen kann, einem anderen den unbekannten Text des Gedichtes vorlas, beide gemeinsam auswendig lernten und anschließend das Gelernte zu zweit vortrugen. „Toll habt ihr das gemacht" war ein Lob, das sich nicht nur auf den gekonnten Vortrag bezog, sondern auch die Partnerarbeit herausstellte. Meine Unterschrift für die erledigte Arbeit im Arbeitsplan erhielten alle Kinder, die in einer Gruppe gelernt hatten gleichzeitig. Konnte die Gruppe das Gedicht noch nicht sicher, sollten die Kinder es noch einmal üben und dann gemeinsam ein zweites Mal vortragen.

Die Kinder wussten, dass sie nicht voneinander abschreiben dürfen, aber Tipps auszutauschen und sich bei der Arbeit gegenseitig zu bereichern, war jederzeit erlaubt. Hatte ein Kind seine Hexengeschichte fertig geschrieben, suchte es sich ein anderes Kind, dem es die Geschichte an einer beliebigen Stelle im Klassenraum vorlesen konnte. Auf diese Weise erlebte es unmittelbar nach dem Schreiben eine **positive Resonanz** auf seine Bemühungen. So wurde das Erfolgserlebnis nicht erst auf unsere später stattfindende Leseversammlung verschoben. Besonders Erstklässler lieben die unmittelbare Reaktion eines Gegenübers auf eine geleistete Arbeit. Dass nicht nur die Lehrerin ein Feed-back gibt, ist eines meiner vordringlichsten Ziele in einem ersten Schuljahr.

Allen Kindern in meiner Klasse ist die Fähigkeit Geschichten schreiben zu können nach sechs Monaten in der Schule zu einem wichtigen Anliegen geworden. Jedes Kind erfährt hierbei Lob und Anerkennung seinem persönlichen Lernfortschritt entsprechend. Die Art des oben beschriebenen offenen Unterrichts ermöglicht ein weites Spektrum **individueller Leistungen beim freien Schreiben**, ohne dass einzelne Kinder über- oder unterfordert werden.

Alle Geschichten wurden, nachdem sie einem Partner vorgelesen worden waren, am Besenstiel eines Hexenbesens aufgehängt, den wir zwischenzeitlich für Irma gebunden haben. Später wurden einzelne Geschichten bei der Leseversammlung vorgelesen und am Ende des ersten Schuljahres mit vielen anderen Texten zum ersten Schuljahrbuch gebunden.

Als **zweiten Schreibanlass** zur literarischen Vorlage nutzten wir eine Textpassage und -illustration. In Irmas Geschichte sitzt eine Eule abends an Lores Fenster und hält einen Brief im Schnabel. Jedes Kind erhielt einen Briefumschlag und einen farbigen Briefbogen, auf dem gemalt und geschrieben werden konnte. Die **Briefe** sammelten wir zunächst im Klassenbriefkasten. Nachdem alle Briefe eingegangen waren, wurde je ein Brief nach dem Zufallsprinzip vom Klassenbriefträger zugestellt. Die Empfänger lasen ihren jeweiligen Partnern den Brief vor und befestigten ihn anschließend am Hexenbesen.

Nachdem die sehr attraktiven Hexen fertiggestellt waren, hörten wir das Lied „Anne Kaffeekanne" von Frederik Vahle und ich griff den Refrain „... dann flog sie, oh Pardon, mit dem Besenstiel davon..." für eine **Traumreise** auf. Zum Abschluss der Werkstatt rund um das Buch „Irma" schrieb jedes Kind eine **Fantasiegeschichte** über den ersten Flug der eigenen kleinen Hexe.

Ich sammelte die Texte von allen Kindern ein, schrieb sie mit dem Rechner in der gut lesbaren 18-Punkte-Schrift ab, stellte sie zu einem Buch zusammen und kopierte dies als **Klassenlesebuch** für jedes Kind. In den nächsten Tagen sollten die hier gesammelten Geschichten die Kinder zu Hause zum Lesen verlocken. Kinder, die ihre Geschichten bei der Leseversammlung vortragen wollten, erhielten die Aufgabe, das laute Lesen ihres Textes zu üben.

„Autoren/Schauspieler proben, bevor sie einen Text öffentlich vortragen", erklärte ich den Erstklässlern. Mit großer Faszination folgten die Kinder dieser ersten **„Autorenlesung"** und lobten den jungen „Autor" oder die „Autorin" für die geleistete Arbeit.

„Wie fühlst du dich denn jetzt?", fragte ich das Autorenkind. „Ich freue mich", sagte Dennis, der eine zwei Seiten lange Geschichte vorgelesen hatte.

Täglich kamen nun andere Kinder, die bei der Leseversammlung ihre eigenen Geschichten vorlesen wollten. Die Anerkennung der Klassenkameraden spornte einige Kinder zum häuslichen Schreiben an. Das **Geschichtenschreiben und – vorlesen** breitete sich in der Klasse aus.

Nachdem die Hexenwerkstatt beendet war, sammelten die Kinder die drei während des Projekts entstandenen Texte in der Mappe für ihr Jahrbuch. Beim Vorlesen eines Buches zuhören, zum Gehörten Geschichten schreiben und diese vorlesen, Autorenlesungen in der Klasse und erneutes Schreiben befruchteten sich gegenseitig. Viele Kinder machten im Februar einen gewaltigen Sprung nach vorne. Die Fähigkeit zu schreiben und die Lust zu lesen wuchs. Nur noch wenige Kinder litten unter der eingangs beschriebenen Unsicherheit, dass sie weniger leisten könnten als ihre Klassenkameraden.

Aktionen zum Buch:

- Ein Gedicht auswendig lernen und aufsagen.
- Hexen und Hexenbesen basteln.
- Ein Hexenfest feiern.

7. Das macht Lust aufs Lesen

Die **Fortschritte beim Lesenlernen** der Erstklässler zu beobachten, gehörte zu den schönsten Erlebnissen im ersten Schuljahr. Die Freude der Kinder am Lesen galt es aufzugreifen und dauerhaft zu festigen. Einige Kinder waren bald so „leselustig", dass sie drängten: „Darf ich Hexe Lilli zu Hause lesen?", „Darf ich während der Pause in der Klasse lesen?"

Besonders Sven war beseelt von dem „Aha-Erlebnis" lesen zu können. Er spürte genau, eine neue unbekannte Welt stand ihm offen. Er war nicht mehr zu bremsen. Jede Gelegenheit, ob erlaubt oder nicht, nutzte er und schmökerte in einem Buch. Nicht nur während des Werkstattunterrichts, nein auch im gemeinsamen Klassenunterricht konnte man beobachten, dass er in ein Buch versunken war, das er unter dem Tisch versteckt hatte. Ich bremste den „lesesüchtigen" Jungen nicht. Die Faszination für die soeben entdeckte Welt des Lesens sollte er genießen und festigen. Als er mir jedoch erzählte, dass er auch auf dem Schulweg in seinen Büchern liest, schritt ich protestierend ein, obwohl ich durch Sven mit Vergnügen an den leselustigen Zivildienstleistenden erinnert wurde, den ich eingangs erwähnte.

Es war deutlich spürbar, dass die Kinder auf dem langen Weg ins Land des Lesens ein gutes Stück voran gekommen waren. Nun galt es, die individuelle Leselust nach Kräften zu fördern.

Ein großer Teil der Kinder lebt heute in einem familiären Umfeld, in dem das Buch nur noch eine untergeordnete bzw. gar keine Rolle mehr spielt. Die Schule ist herausgefordert, die Kinder zum **stillen Lesen anzustiften**. Ein Gebot der Chancengleichheit! Die Kinder müssen in der Schule zum Lesen angeregt werden, in der Hoffnung, dass möglichst viele von ihnen die Lektüre in der Freizeit fortsetzen und mit Genuss zum Buch greifen. Aus Leseanfängerinnen und -anfängern sollten während der Grundschulzeit möglichst viele Leserinnen und Leser werden, die eine **stabile Lesebegeisterung** aufgebaut haben.

Dass Schule dies häufig nicht leistet, weist eine aktuelle Untersuchung der Bertelsmannstiftung nach. *„Die 8 bis 12-jährigen Schüler gelangen noch in den meisten Fällen durch ihre Eltern an Bücher (...). Danach folgt die Bibliothek als Zugangsmöglichkeit zu Büchern."* (Harmgarth: „Das Lesebarometer", S. 27). 40% der Schüler der Klassenstufen 9–10 finden nie durch die Schule den Weg zum Buch und sogar 79% der Schüler erhalten von ihren Lehrerinnen oder Lehrern nie einen Tipp über eine lesenswerte Lektüre (vgl. ebd. S. 28).

Um die Wichtigkeit des Lesens auch für das Denken zu unterstreichen, möchte ich noch einmal auf Bamberger verweisen, dessen Arbeiten ich bereits dargestellt habe. Ich möchte an dieser Stelle noch einmal hervorheben, dass die Leseleistung einer Gruppe im Durchschnitt um 24% innerhalb eines halben Jahres steigt, wenn Kinder mit allen Mitteln zum Lesen angeregt werden (vgl. Bamberger: „Leseförderung", in: Brügelmann u.a.: „Schriftwelten im Klassenzimmer", S. 77).

Es ist demzufolge eine der **vordringlichsten Aufgaben der Grundschule**, die Kinder **mit Lesestoff zu versorgen**.
In der Klasse richtete ich deshalb einen Büchertisch ein, auf dem die Bücher aus der **Lesekiste** der Bücherei auslagen. Die Kinder konnten in den Phasen des offenen Unterrichts darin lesen und die begonnene Lektüre zu Hause fortsetzen.

Von Zeit zu Zeit gönnten wir uns eine **Schmökerstunde**. Alle machten es sich gemütlich, wählten sich einen der einladenden Plätze, holten sich einen Becher Wasser (wir haben einen Sodastreamer in der Klasse) oder naschten ein Bonbon beim Lesen. Einige Kinder saßen wie die Hühner auf der Leiter mit dem Po auf der Heizung, die Füße auf den Biertischbänken. Andere lagen der Länge nach auf den Bänken, drei Kinder kuschelten auf dem Lesesofa im kleinen Gruppenraum und wieder andere lasen aneinandergeschmiegt auf den Korbsofas im Flur vor der Klasse. Lesen in allen Lebenslagen, denn auch beim stillen Lesen zeigte sich, dass die Kinder es liebten, wenn sie die normale Sitzordnung verlassen dürfen und wie in ihrer Freizeit an einem gemütlichen Platz lesen können. Die Kollegen der weiterführenden Schulen seien an dieser Stelle beruhigt, die Kinder lernen bei uns auch, still auf ihren Plätzen zu sitzen und zu arbeiten. Wenn Grundschule jedoch den Anspruch hat, stabile Brücken für das häusliche Lesen zu bauen, muss sie die Kinder mit Formen vertraut machen, die den Spaß am Lesen erhöhen. Auch „leselustige" Erwachsene lieben es, wenn sie es sich mit einem Buch gemütlich machen können.

Tipps

⇨ Während einer Piratenwerkstatt hing eine **Hängematte** in den Birken vor der Klasse.

⇨ Eine Indianerwerkstatt bot an, ein **Iglu** mit Schaffellen aufzustellen.

⇨ Eine **Wolldecke** oder **Liegestühle** luden bei sonnigem Wetter zum Lesen auf den Wiesen des Schulgeländes ein.

Während des täglichen Schulalltags ermunterte ich die Kinder in den Frühstückspausen, **Tipps über gelesene Bücher vom Büchertisch auszutauschen**. Die Kinder lernten so durch Anregungen ihrer Klassenkameraden neue Wege zum Buch kennen. Zusätzlich richtete ich zweimal wöchentlich während der schlechten Jahreszeit eine **Lesepause** ein, in der die Möglichkeit bestand, statt der Hofpause eine Lesepause in der Klasse zu verbringen.

Die Kinder wussten, dass sie Bücher, deren Anfang sie in der Schule bereits gelesen hatten, zu Hause in einer beliebigen Zeit weiterlesen konnten.
Zu den in der Klasse bearbeiteten Werkstattthemen stellte ich den Kindern, wenn dies möglich war, einen weiteren im Klassensatz vorhandenen **Satz mit Büchern** zur Verfügung. Zu Hause konnten sie darin nach Lust und Laune lesen. Nach der Piratenwerkstatt nutzten beispielsweise 25 der 27 Kinder dieses Angebot und nahmen „Nickel auf Piratenjagd" von Achim Bröger mit nach Hause. Vor den Ferien besuche ich mit meinen Klassen regelmäßig die **Stadtteilbibliothek**.

Die Kinder können im Angebot stöbern und sich mit **Ferienlektüre** versorgen. Ein Picknick auf der Schulwiese nutzen wir für den Start ins Leseabenteuer mit der grade ausgeliehenen Ferienlektüre.

Es war erfreulich, wie positiv die Kinder auf die Angebote reagierten. Der Aufwand lohnte sich vor dem Hintergrund der Tatsache, dass **„bessere Leser bessere Lerner"** sind.

8. Lesen erleben beim stillen Lesen

Lesen erleben, das heißt für mich, mit dem eigenen Buch in der Hand, nach Lust und Laune leise lesend in die Welt eines Buches zu versinken. Für die Kinder wollte ich dies nicht in der Welt der Fantasie belassen. Eine **Literaturwerkstatt** sollte den jungen Leserinnen und Lesern die Möglichkeit bieten, die Welt des Buches handelnd zu erleben und für eine gewisse Zeit gleichsam Teil der literarischen Welt zu werden.

Wie in den Vorbildern des **Pippi-Langstrumpf-landes** in Schweden oder im **Kameleonland** in den Niederlanden wollte ich in dieser ersten Literaturwerkstatt die Welt des Franz von Hahn im Klassenzimmer zum Leben erwecken.

Das Konzept unserer niederländischen Nachbarn möchte ich im Folgenden kurz vorstellen: Die seit 1949 veröffentlichten Bücher vom Kameleonland des niederländischen Schriftstellers Hotze de Roos sind nicht ins Deutsche übersetzt worden. Der Erfolg der 64 Bücher dieser Serie ist aus diesem Grund in Deutschland weitgehend unbekannt.

Das reale Dorf Terherne, in dem die Kinder des Kameleon eine Vielzahl von Abenteuern bestehen, liegt am nordfriesischen Sneeker Meer. In dem vom Wasser umgebenen Dorf wird für die niederländischen Leser von Hotze de Roos die Welt seiner millionenfach verkauften Büchern zur erfahrbaren Realität. Der Besuch im Museum, welches dem Schriftsteller und seinen Büchern gewidmet ist, die Rundfahrt mit einem alten friesischen Bauernschiff durch das echte Kameleonland sowie Ferien und Klassenfahrten auf der Abenteuerinsel Grootzland lassen für die Besucher das Leben der Freunde der Kameleonserie von der Phantasie zu erlebbaren Realität werden.

Inspiriert durch die in Schweden und in den Niederlanden lebendig gewordenen literarischen Vorlagen, machte ich mich an die **Planung für das erste Projekt**, bei dem die Erstklässler zum ersten Mal selbst ein Buch in der Schule lesen sollten.

8.1. Von Franziska von Huhn zu Franz von Hahn

„Freunde", Helme Heine

Über das Buch:

Die drei Freunde Franz von Hahn, der dicke Waldemar und Johnny Mauser gehen mit ihrem Fahrrad auf große Fahrt. Sie bestehen aufregende Abenteuer miteinander und schwören sich ewige Freundschaft. Das gemeinsame Übernachten scheitert daran, dass keiner ihrer Ställe sich für die Realisierung dieses Plans eignet. Schließlich entscheiden sie sich, dass alle in ihrem eigenen Stall schlafen und voneinander träumen.

Materialkiste:

- Bilderbuch: **„Freunde"** von Helme Heine (im Klassensatz, die Seiten werden mit Seitenzahlen versehen)
- Lesebegleitheft
- Korb mit Stroh sowie Stofftier von Hahn, Maus und Schwein
- Schüssel mit Sand und verschiedensten Steinen (u.a. flache Kieselsteine im Klassensatz)
- Gläser mit unterschiedlischsten Gerüchen, u.a. Schweinemist
- ein selbstgenähter Franz von Hahn ohne Schwanzfedern, bunte Federn im Klassensatz, Faden und Nadel
- angeflämmtes Papier
- kleine Sprechblasen
- Klassenfotos
- Fahrrad, Stoffstreifen, Farben etc.
- zwei Poster zu Motiven des Buches

Im März des ersten Schuljahres war es soweit. Alle Kinder konnten lesen. Der Zeitpunkt schien geeignet, das Buch „Freunde" von Helme Heine in einer **Literaturwerkstatt** zu lesen. Jedes Kind bekam die Chance zum ersten Mal die Erfahrung des stillen Lesens in der Schule nachzuvollziehen. Die Kinder sollten bei der Arbeit Spaß haben!

Druck oder Stress beim Lesen sollte möglichst vermieden werden. Auf lautes Vorlesen einzelner Kinder in der Klasse verzichtete ich, da es zu diesem Zeitpunkt die schwächeren Leser zum Vergleichen ermuntert und sie unweigerlich unter Druck gesetzt hätte.

Für einen gewissen Zeitraum verwandelte sich das Klassenzimmer der 1b in die Welt des Franz von Hahn und seiner Freunde. Nicht nur rezipierend, auch partizipierend konnten Mädchen und Jungen Zugang zu einer fremden Welt finden, die Helme

Heine in seinem Buch „Freunde" den jungen Lesern eröffnet. Zum Teil authentische Materialien und Angebote an jeden einzelnen Leseanfänger, sich aktiv handelnd in die Geschichte einzubeziehen, gestalteten den Übergang zwischen Realität und Fantasie für die Kinder fließend.

Mit einer **Leseversammlung** in unserer Gesprächsecke ging es los. Es stand ein Korb mit Stroh bereit, in dem sich drei Stofftiere, ein Schwein, eine Maus und ein Hahn, versteckten. Ein Tuch verdeckte Stroh und Tiere zusätzlich. Die Kinder warteten ungeduldig auf die Gelegenheit selbst zu ertasten, was sich in dem Korb befand. Waren nach sechs Monaten alle Kinder in der Lage, sich so ruhig zu verhalten, dass jeder die Chance hatte, das verdeckte Geheimnis zu erspüren? Die Geduld der Kinder wurde auf eine harte Probe gestellt, die Sozialerfahrung Rücksichtnahme aber von allen als positiv erlebt.

Nachdem Hahn, Maus und Schwein ertastet waren, verwiesen einige Kinder auf Franz von Hahn, Johnny Mauser und den dicken Waldemar, die sie schon kannten. Der Gedankenspung zum Buch „Freunde" lag nahe. Als ich ein großes Paket, das in Geschenkpapier eingewickelt war, in die Klasse schob, wuchs die Neugier ein zweites Mal. Groß war die Freude, als es sein Geheimnis preisgab und sich für jeden das Bilderbuch darin befand.
Die nächste Lernsituation war schwieriger zu meistern, denn es galt jetzt gut zuzuhören und sich zu konzentrieren. In einer Lehrgangssituation erklärte ich, wie eine Lektüre mit Hilfe des **Lesebegleitheftes** gelesen werden könnte. Gleichzeitig mussten die Stationen, in und um den Klassenraum auf die es verwies, erklärt werden.

Nachdem diese Hürde genommen war, lasen und arbeiteten die Kinder fast drei Wochen selbstständig mit Buch und Lesebegleitheft in der fächerübergreifenden Werkstatt rund um dieses Buch.

Das Lesebegleitheft verwies die Kinder beim Lesen auf die verschiedenen Stationen, stellte Fragen zum Textverständnis, mit denen zum Teil handelnd umgegangen werden konnte, erzählte eine Rechengeschichte und enthielt einen Übungsteil zur Rechtschreibung. An einer Stelle forderte es zum Gespräch in Kleingruppen auf. Textpassagen, die der Autor nicht selbst inhaltlich ausgefüllt hatte, galt es kreativ schreibend auszugestalten. Sinneserfahrungen an einer Geruchs- und Taststation ermöglichten den Kindern das Lesenlernen mit Kopf, Hand und Herz.

Zum Inhalt des Lesebegleitheftes:

⇨ Zunächst schrieben die Kinder Seitenzahlen in ihre Bücher.

⇨ Nach dem Betrachten des Bildes, das die Tiere des Bauernhofes in der Scheune darstellt, trugen die

Kinder die Namen der drei Freunde in ihr Lesebegleitheft ein.

- Der Text auf Seite 7 musste gründlich gelesen werden, da er verrät, dass die Freunde mit flachen Kieselsteinen am Dorfteich Flippen spielen. In einer Schüssel lagen die unterschiedlichsten Steine im Sand versteckt. Wer gründlich gelesen hatte, wählte einen flachen Kieselstein, wie er im Text erwähnt wird. Den zum Flippen geeigneten Stein durfte jedes Kind behalten. Wer Lust hatte, konnte in seiner Freizeit selbst das Flippen an einem Teich üben.

- Auf den Seiten 22 und 23 sprechen die Freunde über ewige Freundschaft. Diese Stelle des Buches konnten die Kinder ebenfalls mit ihren Freunden besprechen. Auf angeflämmtem Papier hielten sie fest, welche Gedanken sich die Gruppe zum Thema Freundschaft gemacht hatte. Die Arbeitsergebnisse aller Gruppen klebten wir zu einer Schriftrolle zusammen und stellten sie bei einer Leseversammlung der ganzen Klasse vor.

- Auf einem Bild ist zu erkennen, dass Franz von Hahn im Mauseloch feststeckt. Die Arbeitsaufgabe im Lesebegleitheft forderte die Kinder auf, unserem schwanzlosen Franz von Hahn eine neue, bunte Schwanzfeder anzunähen. Diese Aktion war es, die Nils zu der schriftlichen Bemerkung inspirierte:

VonFRaNTziSKa VON HUN
zu FRaNTz VON Hahn

- Auf Seite 25 will Johnny Mauser wegen seiner empfindlichen Nase nicht beim dicken Waldemar übernachten. An einer Geruchsstation erfuhren die Kinder, warum nicht. Mit besonderem Vergnügen rochen die Kinder immer wieder an den kleinen Gläsern, um aus der Vielzahl von Düften den Schweinemist zu erschnüffeln.

⇨ Passend zu den Bildern auf den Seiten 26 und 27 hängte ich ein großes Poster auf. Die Freunde sitzen hier auf einer Hühnerstange neben den Hühnern.
„Was denken wohl die Hühner?", fragt eine große Sprechblase. Die Kinder schrieben ihre Gedanken auf kleine Sprechblasen und klebten diese in ihr Lesebegleitheft.

⇨ Nachdem das ganze Buch gelesen war, konnte sich jedes Kind ein Klassenfoto nehmen und dieses in sein Lesebegleitheft kleben. Dazu schrieb es (rechtschreiblich richtig) die Namen der eigenen Freunde oder Freundinnen. Der ausgehängten Klassenliste konnte die richtige Schreibweise entnommen werden.

Sachunterricht/Kunst
Neben der Arbeit mit dem Buch, dem Lesebegleitheft und den Stationen stand ein **altes Fahrrad** in unserer Klasse. Franziska hatte uns diesen authentischen Gegenstand, wie er auch von Franz von Hahn und seinen Freunden bei ihren Unternehmungen genutzt wird, zur Verfügung gestellt.

Das Fahrrad ist am Niederrhein beim Spielen für die Mobilität von enormer Bedeutung. Ein wichtiger Grund, schon in der ersten Klasse über die Teile zu sprechen, die zu einem verkehrssicheren Fahrrad gehören. Wir überprüften unser Klassenfahrrad unter diesem Aspekt und stellten Überlegungen an, wie die Verkehrssicherheit wieder hergestellt werden könnte. Als Hausaufgabe erhielten die

Kinder den Auftrag, ihr eigenes Fahrrad zu überprüfen.

Da das Fahrrad von Franziska nicht mehr gebraucht wurde, konnten wir es nach Belieben für unser Projekt nutzen. Es setzte einen starken **handlungsorientierten Akzent**, der die Kinder zu handwerklichem und kreativem Tun anregte. Die Ideen sprudelten, was wir mit dem Rad alles anstellen könnten, und kleine Teams setzten einige der Vorschläge in die Tat um.

Die Kinder hatten folgende Ideen: putzen, anmalen, flicken, aufpumpen, anmalen, die Namen darauf schreiben, mit Materialien dekorieren, etc.

Nach **Abschluss des Projekts** stellten wir es als Objekt zunächst in der Zweigstelle der Stadtteilbibliothek aus. Später stand es lange auf dem Flur vor unserer Klasse und bahnte Gespräche zwischen Erstklässlern und größeren Schülern an.
Im Sinne des **integrierten Rechtschreibunterrichts** sammelten, schrieben und übten die Kinder zur Erweiterung des Grundwortschatzes die folgenden Lernwörter: Freund, Freunde, Freundin, Hahn, Maus, Schwein, wollen, spielen.

Nachdem alle das Buch gelesen hatten, gestalteten wir auf Wunsch der Kinder erneut ein **großes Bilderbuch** in Anlehnung an die Vorlage von Helme Heine. Jedes Kind malte ein Bild mit Wachsmalstiften auf ein Din-A3-Blatt und schrieb einen Text dazu. Ich tippte die Texte in der Erwachsenenschrift ab, klebte diese Textteile auf die Bilder der Kinder, ordnete alles in der richtigen Reihenfolge, klebte die fertigen Bilder und Texte auf farbiges Tonpapier und band alles zu einem attraktiven Klassenbilderbuch zusammen. Stolz betrachteten die Kinder das Gemeinschaftswerk. Nun konnten wir uns bei unseren Leseversammlungen gegenseitig aus unserem eigenen Freunde-Buch vorlesen.

Zum Abschluss der Literaturwerkstatt machten die Kinder mit Franz von Hahn und seinen Freunden eine Traumreise. Sie schrieben ihre Traumgeschichten auf ein weißes Blatt in Form einer Wolke. Anschließend malten sie ein Zeichenblockpapier mit blauer Wasserfarbe an und klebten ihre **Traumgeschichte** darauf. Diese Geschichten der Kinder band ich nach dem Lumbeckverfahren (S.116 ff.) zu einem Buch, das sie sich ebenfalls bei den Leseversammlungen gegenseitig vorlasen.

Die freien Texte für das Traumgeschichtenbuch wertete ich unter dem Aspekt der **Rechtschreibkompetenz** aus. Erstaunt registrierte ich das Ergebnis. Die Kinder verfügten beim freien Schreiben bereits über ein erhebliches Maß an Rechtschreibsicherheit. Kinder, die Lernwörter zunächst falsch geschrieben hatten, nutzten nach einem Tipp von mir „Fensterbilder" und „Wort-Schatzkiste" so kompetent, dass ihr vorgelegter Text schließlich verblüffend wenige Fehler enthielt.

Nachdem das Projekt abgeschlossen war, besuchten wir zum ersten Mal gemeinsam die **Stadtteilbibliothek**. Die Kinder wurden von den freundlichen Bibliothekarinnen mit den Gegebenheiten vertraut gemacht. Anschließend konnte jeder nach Herzenslust in den Regalen stöbern und sich ein Buch seiner Wahl ausleihen.

Wir vereinbarten, dass wir im Mai unser großes Bilderbuch, das Traumgeschichtenbuch und das Fahrrad in der Bücherei ausstellen wollten. Damit die Ausstellung lebendig würde, wollten wir den Besuchern die Erfahrungen ermöglichen, die auch die Kinder gemacht hatten.

- ⇨ Steine lagen bereit, damit auch die Leserinnen und Leser sich einen flachen Kieselstein zum Flippen am hiesigen Ententeich aussuchen konnten.
- ⇨ Unsere Riechfläschchen zauberten u.a. den Geruch von Schweinemist in die Bibliothek.
- ⇨ Kleine Säckchen lagen bereit, die mit unterschiedlichen Materialien gefüllt waren. Hatte man ertastet, was Franz von Hahn frisst (nämlich Maiskörner), konnte man sich bei den Bibliothekarinnen einen Preis abholen.

Da die Kinder selbst soviel Spaß an der Ausstellung hatten, luden sie ihre Familienmitglieder zu einem Bibliotheksbesuch ein.

Tipp

Zu Muttertag verschenkten die Kinder einen Gutschein zu einer **Autorenlesung**. Damit lud jedes Kind seine Mutter in die Bibliothek ein, um ihr dort aus unserem Bilderbuch zum Thema „Freunde" und aus dem Traumgeschichtenbuch vorzulesen.

Da das Projekt auf regen Zuspruch bei den Besuchern der Bibliothek stieß, interessierte sich unser **Lokalradiosender** dafür. Vor den großen Ferien nahmen wir in den Räumen der Bibliothek eine Sendung auf. Zu Beginn des neuen Schuljahres konnten die Kinder der Klasse sich selbst im Radio hören.

Anhand des folgenden Textes konnten sich die Besucher über das **Konzept** „Bücherlesen lernt man durch Bücherlesen" informieren:

„Bücherlesen lernt man durch Bücherlesen", unter dieses Motto stellten wir im Mai ein Projekt, das in den vier ersten Schuljahren der Dorsterfeldschule durchgeführt wurde.

Jedes Kind erhielt das Buch **„Freunde" von Helme Heine** und hatte Gelegenheit, diese Lektüre mit Hilfe eines Lesebegleithefts still für sich während des Unterrichts zu lesen.

Um die Kinder für die Welt des Lesens zu faszinieren, enthielt das Lesebegleitheft vielfältige Aufgaben, die:

- ⇨ das Leseverständnis der Kinder zum Teil spielerisch überprüften,
- ⇨ sie zum handelnden Umgang mit dem Buch aufforderten,
- ⇨ das Lesen unter Berücksichtigung der Sinneserfahrung ermöglichten und
- ⇨ sie zu kreativen Ideen inspirierten.

So konnten die jungen Leser beispielsweise während des Lesens in der Lektüre ein Fahrrad putzen und schmücken, Franz von Hahn eine Schwanzfeder annähen, riechen, ob es im Schweinestall vom dicken Waldemar stinkt oder ertasten, was Franz von Hahn frisst.

Die Klasse 1b schrieb während des Projekts eine Schriftrolle, zwei Klassenbücher, ein Bilderbuch und ein Buch mit Traumgeschichten, die alle Kinder ihrerseits zum Lesen anregten. Als besondere Überraschung verschenkten die Kinder zu Muttertag einen Gutschein, auf dem stand:

„Ich lade dich in die Bücherei ein.
Da lese ich dir aus dem Klassenbuch der Klasse 1b vor."

Wir wollten mit unserer Werkstatt rund ums Buch die Kinder zum Lesen unter Einbeziehung der Bibliothek anstiften. Im Laufe der vier Grundschuljahre werden sie noch häufig Bücher lesen, indem sie sich in vergleichbaren Projekten auf den Weg ins Land des Lesens begeben. Wir hoffen, dass die literarischen Personen auf diese Weise zu Freunden der Kinder werden, die sie besonders in ihrer Freizeit immer wieder zum Buch greifen lassen. Es wäre schön, wenn möglichst viele Kinder Gefallen daran fänden, sich schmökernd in einem Buch eine fremde Welt zu erschließen, die ihnen sonst verborgen bliebe.

Aktionen zum Buch:

- ➲ Ein Fahrrad kreativ gestalten
- ➲ Steine an einem Teich flippen lassen.
- ➲ Gerüche wahrnehmen.
- ➲ Osterfeuer auf einem Bauernhof mit den Familien.
- ➲ Präsentation in der Stadtteilbibliothek.
- ➲ Radiosendung zum Projekt.
- ➲ Signierstunde mit Helme Heine.

Jan
Der dicke Waldemar
und seine Freunde
sprangen auf den Mond.
Auf dem Mond stand eine Rakete.
Sie flogen mit der Rakete nach
Hause.
Es war schön auf dem Mond.

Benedict
Ich träumte,
dass ich mich mit meinen Freunden
auf dem Mond getroffen hätte.
Wir spielten Fangen
und Verstecken
und wir erlebten noch viel mehr.

Texte der Kinder in 18-Punkt Schrift

Die Kinder lassen sich von Helme Heine ihr Buch „Freunde" signieren

8.2. Drachen gibt's doch!

„Drachen gibt's doch gar nicht", Jack Kent

Über das Buch:

Eines Morgens wacht Felix auf und sieht, dass ein kleiner Drache auf seinem Bett sitzt. Er erzählt seiner Mutter von dem Besucher, aber sie beharrt darauf, dass es keine Drachen gebe. Da sie den Drachen konsequent ignoriert, wächst dieser, bis er schließlich mit dem Haus der Familie auf dem Rücken durch die Stadt läuft. Nun kann auch die Mutter nicht länger leugnen, dass es den Drachen gibt. Endlich beachtet und von allen gestreichelt, schrumpft der Drache wieder auf die Größe eines Kätzchens.

Den Kindern hatte das Projekt rund um das Buch „Freunde" von Helme Heine sehr viel Spaß gemacht. Sie wünschten sich mehrheitlich, eine weitere Lektüre in der Klasse zu lesen. Für Mai schlug ich die Lektüre des Buches „Drachen gibt's doch gar nicht" von Jack Kent vor. Tief im Drachenland versunken lasen alle Kinder begleitet durch ein Lesebegleitheft still die neue Lektüre. Auch bei dieser Werkstatt gelang es, die Kinder so stark für das Lesen zu faszinieren, dass die Grenze zwischen Phantasie und Wirklichkeit scheinbar überschritten wurde. Die Erstleser machten den kleinen Drachen zu ihrem Freund, gaben ihm aus Ton ein individuelles Aussehen, schrieben eine Drachengeschichte, improvisierten einen Klangteppich mit Tönen aus dem Drachenland, sangen das Lied „Schnapp, der wilde Drache" und schrieben die Lernwörter „Drache", „groß", „nicht", „doch" und „lieb".

Tipp

Neben dem stillen Lesen liebten es die Kinder, wenn ich ihnen etwas aus Büchern vorlas. Fasziniert lauschten sie, wenn ich am Ende eines Arbeitstages in der Drachenwerkstatt aus **„Der Drache mit den roten Augen"** von Astrid Lindgren vorlas. Das im Buch erwähnte Drachenfutter brachten sie für den Ausstellungstisch mit, auf dem neben dem Bilderbuch ein kleiner Drache stand.

1. Resümee und Ausblick

Nach meiner Einschätzung hatte sich das Konzept „Bücherlesen lernt man durch Bücherlesen" in der ersten Klasse bewährt. Alle Kinder konnten ohne fremde Hilfe **unbekannte Texte sinnerschließend lesen**. Das Land des Lesens für sich persönlich zu entdecken und **mit Genuss in einem Buch zu schmökern**, war für die meisten Kinder reizvoll. Da viele Kinder am Werkstattunterricht unter Einbeziehung der Leseförderung als wesentlichen Schwerpunkts offensichtlich Spaß hatten und im Leistungsbereich gute Fortschritte machten, stellte sich die Frage, wie das Konzept in der zweiten Klasse weiterentwickelt werden könnte.

Auf der Wunschliste, die die Vorschläge der Kinder festhielt, standen noch einige unbearbeitete Themen. Der Klassenrat hatte einhellig beschlossen, dass wir gemeinsam einen Zoo besuchen wollten und über Hunde und Kaninchen sprechen sollten. Im Laufe des Schuljahres würden diese Vorschläge um andere Themen erweitert werden, die sowohl von den Kindern als auch von mir als auch von den Eltern geäußert werden konnten.

Das **Konzept des selbstbestimmten Lernens** unter Berücksichtigung von Themenvorschlägen aller am Schulleben Beteiligten hatte sich in der ersten Klasse bewährt. Ich wollte es daher fortsetzen. Der vernetzte **fächerübergreifende Werkstattunterricht** hatte sich in der Praxis als tauglich erwiesen und sollte daher weiterentwickelt werden. Einen **besonderen Schwerpunkt** wollte ich weiterhin **auf die Leseförderung** legen. Die Kinder sollten diesbezüglich den Umgang mit weiterem Handwerkszeug erfahren, das ihre Kompetenz auf dem Weg zum autonomen Lesen erweitern würde.

Ich strebte an, dem **Schreiben freier Texte** breiten Raum zu geben. Erste **Ansätze vom spontanen Schreiben zum gezielten Schreiben** und der **Nutzung von Schreibstrategien** würden sich der individuellen Lernentwicklung entsprechend anbahnen. An dieser Schlüsselqualifikation würden wir ab der 3. Klasse schwerpunktmäßig arbeiten.

Zu Beginn der 2. Klasse wollten die Kinder endlich das **Schreiben der verbundenen Schrift** lernen. Danach sollte dem Schwerpunkt **„Aufbau des Grundwortschatzes"** angemessen Raum gegeben werden. Da dies ein Thema ist, das den Eltern der Schulkinder besonders am Herzen liegt, hatte ich dazu ein Konzept erarbeitet, das ich den Eltern ausführlich erläuterte und auf Wunsch in schriftlicher

Form bereitstellte. Ich bat im Sinne einer Erziehungspartnerschaft um eine kritisch-konstruktive Diskussion zu diesem sensiblen Thema.
Dieses Konzept realisierte ich schrittweise im 2. Schuljahr.

2. „So schreibe ich richtig!"

Norm- und kindorientierter Rechtschreibunterricht als Teil eines fächerübergreifenden Werkstattkonzeptes:
Das vorliegende Konzept der rechtschreiblichen Arbeit im Werkstattunterricht beschreibt meinen Versuch, den Kindern tragfähige Grundlagen für ihre Rechtschreibung zu vermitteln. Als solche gelten:

- ⇨ verständlich schreiben können,
- ⇨ abschreiben können,
- ⇨ selbstständig mit Lernwörtern umgehen können,
- ⇨ Wörter nachschlagen können,
- ⇨ Wörter und Texte kontrollieren und korrigieren können,
- ⇨ mit Regelungen umgehen können.

Vom Klassenthema zur Grundwortschatzarbeit

⇨ Grundwortschatzarbeit mit Lernwörtern:

Hat der **Klassenrat** sich für ein Projekt entschieden, sammle ich mit den Kindern die themenbezogenen **Lernwörter** für unseren Klassengrundwortschatz. Ich achte bei der Auswahl der Lernwörter darauf, dass es unter anderem Häufigkeitswörter sind, dass Besonderheiten und Regeln der deutschen Rechtschreibung berücksichtigt werden und dass Ausnahmen als solche geübt werden (vgl. Weiden: „Sicher lesen und rechtschreiben").

Im Rahmen der Werkstattarbeit zu einem Thema ist das tägliche **intensive Arbeiten am Grundwortschatz** für die Kinder Pflicht. Es werden materialorientierte Übungsformen angeboten. Auf den Einsatz von Arbeitsblättern verzichte ich so weit wie möglich. Die Rechtschreibübungen sind neben anderen Pflichtarbeiten in einem Arbeitsplan für jedes Kind festgehalten. Nachdem ich die Arbeiten eines Kindes kontrolliert habe, bestätige ich dies durch meine Unterschrift im Arbeitsplan.

Sind die Lernwörter für ein Werkstatt-Thema festgelegt, erarbeite ich in Portionen lehrgangsmäßig mit den Kindern ihre Schreibweise (vgl. Niedersteberg: „Aufbau eines Grundwortschatzes: Klasse 1 und 2", S. 26 ff.). Alle Lernwörter schreibe ich ab dem ersten Schuljahr mit großer Schrift auf jeweils ein farbiges Papier (Nomen - blau, Verben - rot, Adjektive - grün, andere Wörter - gelb). Diese Wörter hängen als **„Fensterbild"** für die Dauer jeder Werkstatt für alle gut sichtbar und erreichbar aus. In den folgenden Schuljahren werden alle Lernwörter in einem **Wörterkorb** aufbewahrt und in einer **ABC-Kartei**, die ich für unseren Klassengrundwortschatz angelegt habe, gesammelt. Diese Arbeitsmittel helfen, eine Vielzahl von Arbeitsblättern einzusparen. Mit ihrer Hilfe sind die verschiedensten Übungsformen möglich, die abwechselnd in den Arbeitsplänen als Pflichtaufgaben aufgenommen werden. Auf jeden Fall müssen bei jedem Thema alle **Lernwörter vom „Fensterbild" ins ABC-Heft** übertragen werden.

Sehr beliebt ist bei den Kindern das **Geheimschriftplakat**, das an einer Stelle der Klasse aushängt und die Kinder auffordert, die verschlüsselten Lernwörter zu enträtseln und zu schreiben.

Mit Hilfe von Packpapier und dicken Buntstiften lässt sich schnell ein preiswertes Arbeitsmittel herstellen, das den Ansprüchen eines integrierten Rechtschreibunterrichts genügt.
Die „Piratenwörter" von einer am Rand angekokelten **Schatzkarte** ins Heft abzuschreiben, macht den Kindern ebenfalls mehr Spaß als ein normales Arbeitsblatt zu bearbeiten.
Dies gilt auch für unseren **Ausstellungstisch**. Oft bringen die Kinder Dinge mit in die Schule, wie etwa bei unserer „Hundewerkstatt". Was der Hund braucht, wurde auf einem Tisch aufgebaut: Futter, Wasser, Leine etc. Ich schreibe jeweils die Namen der

Dinge auf kleine Reiter, die ich ebenfalls auf den Tisch stelle. Diese Namensschildchen müssen von den Kindern zunächst gelesen, dann zugeordnet und zuletzt aus dem Gedächnis am eigenen Platz oder mit dem Schreibheft auf einem Schreibbrett direkt am Ausstellungstisch geschrieben werden. Ich achte bei der Auswahl der Übungsmaterialien für eine Werkstatt darauf, dass diese sich an unterschiedlichen Örtlichkeiten im Klassenraum, im Flur oder auf der Terrasse vor der Klasse befinden. Den Kindern fällt das Lernen und richtige Schreiben leichter, wenn sie sich bei ihrer Arbeit bewegen dürfen.

⇨ Grundwortschatzarbeit an einem Sachtext:

Neben der Arbeit mit einzelnen Lernwörtern arbeiten die Kinder mit einem **Sachtext**, der sich auf das aktuelle Werkstatt-Thema bezieht und die Lernwörter aufgreift. Zum Teil entnehme ich die Sachtexte dem Sprachbuch oder verarbeite eine Passage aus einer Klassenlektüre, wähle einen geeigneten Schülertext oder greife auf einen Artikel aus einer Kinderzeitschrift zurück. Diktattasche, Laufdiktat, Partnerdiktat und Kassettendiktat sind einige der abwechselnd eingesetzten Übungsformen, durch die die Kinder das richtige Abschreiben und Auswendigschreiben eines zusammengehörenden Textes üben. Täglich schreiben wir außerdem vor der großen Pause ein **Fünf-Minuten-Diktat**, dessen Inhalt am Vortag als Hausaufgabe geübt wurde. Am Ende einer Werkstatt diktiere ich den Kindern den Sachtext in differenzierter Form als **Zwei-Phasen-Stufendiktat** (vgl. Landesinstitut für Schule und Weiterbildung: „So lernen Kinder Rechtschreiben", S. 94 f.). Ich bin auf diese Form des Klassendiktates persönlich nicht festgelegt und es spielt zur Leistungsbeurteilung (wie ich an späterer Stelle ausführen werde) nur eine untergeordnete Rolle. Nach einem ausgiebigen Gespräch mit den Eltern meiner letzten Klasse anlässlich eines Elternabends haben wir uns jedoch gemeinsam auf diese Form des Zwei-Phasen-Stufendiktates geeinigt, da das Klassendiktat den Eltern sehr am Herzen lag. Mit den Eltern meines jetzigen 2. Schuljahres steht dieses Gespräch noch aus. Im Sinne des Begriffs **„Erziehungspartnerschaft"** werde ich auch mit dieser Elternschaft erarbeiten, welche Formen für die Überprüfung der Rechtschreibsicherheit wir gemeinsam für adäquat halten.

Mir ist es ein Anliegen, dass die innovativen Unterrichtsformen, die ich versuche zu realisieren, im Einklang mit den Kindern, den Eltern und der Schule umgesetzt werden. In meinem letzten 4. Schuljahr habe ich ausprobiert, kleineren Schülergruppen den Sachtext während des Werkstattunterrichts zu einem von den Kindern gewählten Zeitpunkt zu diktieren. Auf ihren Wunsch hin haben wir aber wieder die alte Form des gemeinsamen Schreibens aufgegriffen. Die Kinder hatten nämlich für sich herausgefunden, dass sie die nötige Ruhe und Konzentration in der Arbeitsatmosphäre der gleichzeitig laufenden Werkstatt nicht aufbringen konnten.

⇨ Wörterwerkstatt für schwierige Wörter und individuelle Lernwörter:

Jedes Kind in meiner Klasse hat einen kleinen **Karteikasten (Wörterwerkstatt)** mit fünf Fächern. Entdecke ich bei der Durchsicht der Schülerarbeiten ein Lernwort, das falsch geschrieben wurde, so schreibe ich es dem Kind auf eine **Trainingskarte**. Diese stelle ich ins erste Fach der **Wörterwerkstatt** des Kindes. Das Kind hat nun die Aufgabe, an den folgenden Tagen je einmal dieses Wort in sein Schreibheft zu schreiben. Täglich wandern die bearbeiteten Trainingskarten ein Fach weiter. Im letzten Fach verweilen sie einige Tage, bevor sie von dem Kind in Form eines **Selbstdiktates** erneut geschrieben und kontrolliert werden. Nach dieser Arbeit kann sich das Kind bei mir melden, und ich diktiere und kontrolliere die Lernwörter der vorgelegten Karten. Richtig geschriebene Trainingskarten kann das Kind zerreißen und aus der Werkstatt entlassen. Karten mit Lernwörtern, die falsch geschrieben wurden, werden erneut ins erste Fach der Werkstatt gestellt. Dasselbe Verfahren wenden die Kinder für den Aufbau ihres individuellen Grundwortschatzes an. Zusätzlich wird in diesem Fall das persönlich erarbeitete Lernwort nach der Arbeit in der Wörterwerkstatt ins **ABC-Heft** geschrieben.

⇨ Fehlerliste zur Stärkung der Fehlersensibilität:

In der 2. Klasse führe ich eine Liste für jedes Kind, in die ich die jeweiligen Rechtschreibfehler eines Kindes eintrage. Auf der Grundlage dieses Fehlerprofils gebe ich ihnen Tipps und Anregungen, die sie während des offenen Unterrichts als persönliche Trainingsaufgaben bearbeiten.
Ab dem dritten Schuljahr erhalten die Kinder eine Liste mit der Überschrift: **Mängelliste** (vgl. Landesinstitut a.a.O., S.100f.). Dieses Instrument zur Stärkung der Fehlersensibilität soll den Kindern helfen, das eigene Fehlerprofil zunehmend selbst zu erkennen und gezielt daran zu arbeiten. Bei der Durchsicht der Schülertexte wird der entsprechende Fehler von mir in der Fehlerliste notiert. In der darauffolgenden Zeit kann das Kind entsprechend seiner Fehlerproblematik gefördert werden. Zu diesem Zweck steht die Rechtschreibkartei des Sprachbuchs „Kunterbunt" in meiner Klasse. Das Kind bearbeitet die mit ihm besprochenen Mängel gezielt und wird angeregt, beim Schreiben

mit geschärfter Sensibilität auf dieses Problem zu achten. Die Fehlerliste bzw. **Mängelliste** wird als Anlage zum **ABC-Heft** geführt.

⇨ Pinnwand für Regelungen:

Bereits am Ende der ersten Klasse erarbeite ich mit den Kindern **erste allgemeine Regelungen**. „Alles was wir sehen, schreiben wir am Wortanfang groß. Diese Wörter heißen Nomen." Diese Regel ist eine Schreibhilfe, die bald vertraut ist. Diese **Schreibhilfen hängen wir an unsere Pinnwand**. Steht im Arbeitsplan der jetzigen 2. Klasse beispielsweise die Aufgabe: „Schreibe fünf Nomen mit ihrem Artikel", so brauchen die Kinder nur zum **Wörterkorb** zu greifen. Aus dieser Sammlung wählen sie sich fünf blaue Karten heraus und schreiben die Nomen mit den entsprechenden Artikeln ins Heft. Für die Übung mit den zusammengesetzten Nomen liegen **Bauklötze** bereit, auf die je ein Wort in Großantiqua aufgeklebt ist. Richtig zusammengesetzte Bausteine lassen das neue Nomen entstehen (KANINCHEN, FELL = Kaninchenfell).
Die entsprechende Regel hängt wie alle anderen Regelungen an der Pinnwand.

Verben und ihre Personalformen übe ich als **„Fensterbild"**. Ich schreibe die Pronomen auf gelbes und die Personalformen der Verben auf rotes Papier und hänge sie wie die Lernwörter ins Fenster. Singular und Plural üben die Kinder mit **Papprollen**, die mit drehbaren blauen Papierstreifen versehen sind. Dreht man die Streifen richtig, so steht „der Hund" neben „die Hunde" und wird anschließend abgeschrieben. Das Schreiben von Doppelkonsonanten und die Silbentrennung werden mit Dominos geübt.

Zu den Arbeitsmitteln, die ich in meinen Ausführungen beschrieben habe, möchte ich anmerken, dass sie ohne großen Aufwand und darüber hinaus preiswert herzustellen sind. Für ein Werkstatt-Thema, das uns ungefähr drei Wochen beschäftigt, benötige ich ca. 2 Stunden, um die zum Projekt gehörenden Arbeitsmittel zu erstellen. Bearbeiten andere Klassen der Stufe dasselbe Thema, so ist das hinsichtlich der Arbeitsteilung unter den Kollegen besonders effektiv, da nur einer die entsprechenden Lernwörter und Sachtexte schreiben muss und die anderen auf die Kopiervorlagen zurückgreifen können. Ist die Werkstattarbeit zu einem Thema beendet, so verschenke ich einen Teil der erarbeiteten Materialien an einzelne Kinder. Es erspart mir, ein umfangreiches Ordnungssystem aufzubauen und sauber zu halten, darüber hinaus ist das kleine Geschenk bei den Kindern sehr beliebt.

⇨ Eigene Texte richtig schreiben:

Die Kinder **zum Schreiben von eigenen Texten** zu **ermutigen**, ist

ein wichtiges Ziel der Arbeit im Fach Sprache. Die Motivation dazu ist bei vielen Kindern groß. Durch die Arbeit mit **Schreibkonferenzen** läßt sie sich zusätzlich steigern. Ich sammle die fertigen Texte meiner Schülerinnen und Schüler und binde sie am Ende eines Schuljahres zu Büchern zusammen. Dass Texte, die veröffentlicht werden, fehlerlos und sauber abgeschrieben sein müssen, ist so selbstverständlich, dass ich mit den Kindern darüber nicht lange reden muss. Hilfen für fehlerloses Schreiben bietet den Kindern das ab Klasse 3 eingeführte **Wörterbuch**. Die **Pinnwand** mit den allgemeinen Regelungen erleichtert das richtige Schreiben zusätzlich. Auch im ersten und zweiten Schuljahr sollen bekannte Lernwörter in freien Texten richtig geschrieben werden. Die Kinder werden angehalten, bei Unsicherheiten zunächst in ihrem **ABC-Heft** nachzuschlagen oder auf die **Lernwörterkartei** zurückzugreifen. Schülertexte, die ich korrigiert und mit dem Textverarbeitungprogramm in Schreibschrift bearbeitet habe, müssen von den Kindern fehlerlos abgeschrieben werden. Ist ein Lernwort dennoch falsch, so wird es auf eine **Trainingskarte** für die

Wörterwerkstatt geschrieben und täglich bearbeitet. Das Kind notiert und übt außerdem individuelle Lernwörter auf Trainingskarten, die es bei der Arbeit an seinem Text im Wörterbuch nachgeschlagen hat und nun in seinen individuellen Grundwortschatz aufnehmen möchte.

⇨ **Leistungsbeurteilung im norm- und kindorientierten Rechtschreibunterricht:**

Für die Beurteilung der Rechtschreibleistung meiner Schülerinnen und Schüler beobachte ich den **individuellen** wie **anforderungsbezogenen** Lernfortschritt der Kinder auf ihrem Weg zum normgerechten Schreiben. Die in der Schule verbleibenden Arbeitsmittel und -ergebnisse der Kinder wie der Karteikasten für die Wörterwerkstatt, das ABC-Ringbuch, die Mängelliste, das Pausendiktatheft und die Textsammlung für das Jahrbuch einschließlich der vorgeschriebenen Konzepte ermöglichen mir jederzeit, mich über den individuellen Leistungsstand und Lernfortschritt eines Kindes zu informieren.

Beobachtungskriterien:

⇨ **Selbstständiges Arbeiten** mit dem Klassengrundwortschatz und den individuellen Lernwörtern

⇨ **Normgerechtes Schreiben** der Lernwörter
a) in unterschiedlichen Übungssituationen
b) beim Zwei-Phasen-Stufendiktat
c) beim Schreiben eigener Texte

⇨ **Fehlersensibilität**
a) Mit Problemstellen in Lernwörtern arbeiten
b) Finden und korrigieren von Fehlern bei der aktuellen Arbeit mit Lernwörtern
c) Nachschlagen und korrigieren von Fehlern bei „älteren" Lernwörtern
d) Arbeit mit Fehlerwörtern in der Wörterwerkstatt
e) Arbeit an individuellen Fehlerschwerpunkten anhand der Mängelliste

⇨ **Regelungen als Schreibhilfen**
a) Selbsttätig mit Übungsmaterialien arbeiten
b) Schreibhilfen aufgreifen und sie anwenden
c) Regelungen entdecken, sie übertragen und anwenden

Durch häufige **positive Rückmeldungen** an jedes einzelne Kind versuche ich, das Selbstbewusstsein meiner Schülerinnen und Schüler und ihr Vertrauen in das eigene Leistungsvermögen zu stärken.

Bei der Erarbeitung des Konzepts eines integrierten Rechtschreibunterrichts als Teil des fächerübergreifenden Werkstattkonzepts habe ich versucht, sowohl Prinzipien des norm- als auch des kindorientierten Recht- schreibunterrichts zu berücksichtigen.

Das Konzept bietet vielfältige Mög- lichkeiten des differenzierten und selbsttätigen Umgangs sowohl mit dem Klassengrundwortschatz als auch mit individuellen Lernwörten. Es ist das Ergebnis meiner Arbeit während der letzten sechs Jahre. Ich verstehe es als offenes Konzept und greife Anregungen, die es verbessern, gerne auf.

Mein Wunsch wäre es, den Kindern über die Grundschulzeit hinaus Hilfen auf ihrem Weg zum normgerechten Schreiben zu geben. Wichtig ist mir aber auch, im Gespräch mit den Eltern der Kinder deutlich zu machen, dass der in den ersten vier Jahren erarbeitete Grundwortschatz eines Kindes nur etwa 1000 Worte umfasst. „Die Grundschule kann (nur die tragfähigen) Grundlagen schaffen, auf denen der Unterricht der weiterführenden Schulen aufbauen" muss (vgl. Landesinstitut a.a.O, S. 5 f.).

Materialkiste:

„Werkzeugkasten" der Kinder

- Pausendiktatheft
- Karteikasten und -karten (DIN-A8-Format)
- DIN-A5-Ringbuch mit ABC-Einteilung
- Wörterbuch (ab Klasse 3)
- Sprachbuch „Kunterbunt"
- Mängelliste (ab Klasse 3)

„Werkzeug" in der Klasse

- Farbige Wortkarten für das „Fensterbild"
- Korb für erarbeitete Lernwörter
- Pinnwand mit Plakaten für Regelungen und Schreibhinweise
- Diktattaschen für Sachtexte
- Walkman
- Verschiedene einfach herzustellende Spiele
- ABC-Kartei mit Lernwörtern

3. Kinder brauchen (eigene!) Bücher

„Lesen in allen Lebenslagen" sollte im 2. Schuljahr unser Motto sein, das uns bei der Arbeit an allen Themen begleitete. Organisatorisch war die Frage zu klären, wie der notwendige Lesestoff für alle Kinder verfügbar gemacht werden kann.

Verfügbares Lesefutter:

- Zunächst einmal bietet sich an, die in der Schule und der Stadtbibliothek vorhandenen **Klassensätze** zu sichten und so häufig wie möglich in die Unterrichtsarbeit einzubeziehen. Das vorhandene Angebot reicht in der Regel nicht aus, die Leseförderung unter Berücksichtigung der kindlichen Themenwünsche konsequent fortzusetzen.
- Außer zum Lesen einer Klassenlektüre können die Kinder zum Arbeiten mit themenbezogenen Büchern aus den **Bücherkisten** der Bibliothek angeleitet werden. Ihr Einsatz im Unterricht hat sich stets bewährt. Sie haben jedoch den Nachteil, dass die Bücher einer Kiste sehr unterschiedlich geeignet waren, von Leseanfängern gelesen zu werden. Frustrationen beim

Lesen können daher oftmals nicht ausgeschlossen werden.

⇨ In jedem Schuljahr werden den Schulen von Zeitschriftenverlagen kostenlos Klassensätze zur Verfügung gestellt. Eignete sich das Thema einer Ausgabe für die Besprechung im Unterricht, so nutzte ich diese preiswerte Alternative, exemplarisch eine **Kinderzeitschrift** im Unterricht zu bearbeiten.

⇨ Als weiteren Leseanreiz für die Schulkinder schreibe ich einen Teil der allseits bekannten „Elternbriefe" so, dass diese **Briefe** sich an Kinder und Eltern in gleicher Weise richten. Briefe mit Informationen über den anstehenden Zoobesuch, das Eislaufen, das Piratenfest etc. machen neugierig. Sie sind ein attraktiver Lesestoff, der den Wunsch zu lesen auch bei schwächeren Kindern weckt.

⇨ Last not least bieten sich natürlich auch **Texte auf Arbeitsblättern** und aus dem **Lesebuch** zum Lesen an. Ich halte es nicht zuletzt aus Gründen der Kontinuität für zwingend erforderlich, sie mit allen Formen schulischen Lernens vertraut zu machen. (Sie haben aber einen deutlich geringeren Stellenwert.)

Das eigene Buch:
Ein Anliegen, das mir besonders am Herzen liegt, ist das persönliche Buch. Das Buch, das Eigentum des Kindes ist. Ich möchte, dass schon die jungen Leserinnen und Leser den Wert eines Buch schätzen lernen. Ich hoffe, dass die Kinder meiner Klasse ein Gespür dafür entwickeln, dass sich hinter den Buchrücken im Bücherregal etwas ganz Besonderes versteckt.

„Mein **persönlicher Schatz**! – Das habe ich schon alles gelesen!" ist ein selbstbestätigender Gedanke, der sich mit jedem Buch verfestigt, das sich zu der vorhandenen Sammlung gesellt. Sehnsucht nach einer anderen Welt, Stolz und Zufriedenheit über das Geleistete sollten die Gefühle sein, die sich beim Blick auf das Bücherregal einstellen. Für diese Überlegungen wollte ich die Eltern meiner Schulkinder gewinnen.

Auf der **Klassenpflegschaftssitzung** in der ersten Schulwoche informierte ich die Eltern zunächst über die Bedeutung des Lesens für die Entwicklung der Fähigkeit zu denken. Dann sprach ich über die Vor- und Nachteile der unterschiedlichen Möglichkeiten des Lesenlernens im zweiten Schuljahr. Ich verteilte das Lesebuch im Klassensatz und führte aus, wie üblicherweise der Leselehrgang an Grundschulen im 2. Schuljahr fortgesetzt wird. Anschließend informierte ich umfassend über das Konzept „Bücherlesen lernt man durch Bücherlesen". Bei dieser Form der Leseförderung würden die Kinder meiner Klasse ca. zehn Bücher im 2. Schuljahr lesen.

Ich bemühte mich, den Eltern zu verdeutlichen, wie wichtig das Lesen ganzer Bücher für die Entwicklung der Lesefähigkeit ist. Dann stellte ich meine Überlegungen bezüglich der ständig wachsenden Bibliothek im Kinderzimmer dar. „Das eigene Buch im Bücherregal hat den zusätzlichen Vorteil, dass es besonders die jüngeren Kinder zum beliebten Wiederholungslesen einlädt," führte ich aus. „Lesen wird so als Freizeitvergnügen erfahrbar." (Dass meine Schülerinnen und Schüler das Buch „Freunde" immer wieder gerne lesen, wusste ich aus vielen Gesprächen. Daran erinnerte ich ihre Eltern.)

Wenn Kinder das leise Lesen in Büchern nicht in der Schule schätzen lernen, wo hat eine Vielzahl der Kinder die Chance, dieses Erlebnis in einer von anderen Medien dominierten Umwelt nachzuvollziehen?

Nachdem ich das **Konzept** „Bücherlesen, lernt man durch Bücherlesen" ausführlich erläutert hatte, stellte ich fünf bis sechs Bücher vor, die ich als Lektüre für diese Klasse besonders empfehlen wollte. Sie waren weder in der Schule noch in der Bibliothek als Klassensatz vorhanden, griffen aber die Themenvorschläge der Kinder auf. Diese Bücher mussten also privat finanziert werden, da öffentliche Mittel für dieses Konzept der Leseförderung nicht zur Verfügung standen. Mit den Büchern hätten wir zunächst in der Schule arbeiten können und später würden sie dann die Kinder als häusliche Lektüre immer wieder zum Lesen einladen. Ich bat die Eltern um eine offene Diskussion zu meinen Ausführungen und machte deutlich, dass bei allen Überlegungen unzumutbare finanzielle Belastungen auf jeden Fall vermieden werden sollten. Ich machte deutlich, dass das Konzept „Bücherlesen lernt man durch Bücherlesen" ein Angebot und kein Muss ist.

Zum Schluss führte ich aus, dass ca. zehn bis zwölf Exemplare eines Titels genügen, um im Werkstattunterricht mit 27 Kindern an der Lektüre zu arbeiten. So würden die Kinder außerdem lernen zu teilen und sorgfältig mit Büchern umzugehen.

Da die Eltern das vorgestellte Konzept begrüßten, entwickelten wir gemeinsam Vorschläge, wie unzumutbare Belastungen für einzelne Elternhäuser vermieden werden könnten:

- ⇨ Ich würde eine Liste mit den Titeln anfertigen, sodass diese bei jedem gegebenen Anlass (Geburtstag u.ä.) den Kindern geschenkt werden könnten.
- ⇨ In der Bibliothek würde ich eine möglichst große Anzahl der benötigten Bücher eines Titels ausleihen.
- ⇨ Die Eltern, die bereit waren, die angefragten Titel anzuschaffen, erklärten sich bereit, dass das Buch ihres Kindes während des Werkstattunterrichts auch von anderen Kindern gelesen werden könnte.

Mit einem **Elternbrief** erfragte ich, wie groß die Bereitschaft wäre, die vorgestellten Bücher anzuschaffen:

Liebe Eltern der Klasse 2!

Auf diesem Wege möchte ich mich noch einmal für Ihr Interesse an meinem Konzept der Leseförderung „Lesen ganzer Bücher lernt man durch das Lesen ganzer Bücher" bedanken.
Über weitere Anregungen und einen aktiven Erfahrungsaustausch über schulisches und häusliches Leseverhalten würde ich mich auch in Zukunft sehr freuen.
Wie an unserem Klassenpflegschaftsabend besprochen, habe ich die Preise der Bücher ermittelt, die wir im Verlauf des 2. Schuljahres lesen wollen. Gerne bin ich bereit, diese für die Kinder dann zu bestellen, wenn wir im Unterricht damit arbeiten wollen. **Sollten Sie selbst die Lektüre besorgen wollen, bitte ich darauf zu achten, dass Sie die im Folgenden genannten Ausgaben kaufen.** Dies ist wegen der Arbeit mit Lesebegleitheften beim stillen Lesen unerlässlich.

- Bröger, Achim, Mein 24. Dezember, Arena … €
- Lobe, Mira, Das kleine Ich bin Ich; Jungbrunnen … €
- Michels, Tilde, Kleine Hasen werden groß, dtv junior … €
- Knister, Die Sockensuchmaschine, Arena … €

Sollten Sie das Buch/die Bücher über mich beziehen, so geben Sie Ihrem Kind das Geld dafür bitte immer in einem geschlossenen, mit Namen versehenen Umschlag. Ich sammle das Geld jeweils ein, wenn ich den Kindern die Lektüre ausgehändigt habe.
Wie ich Ihnen bereits dargestellt habe, ist es möglich das Konzept der Leseförderung im Werkstattunterricht zu realisieren, wenn eine gewisse Anzahl der Kinder ein Buch anschafft und es den anderen Kindern zur Verfügung stellt. Auf diese Weise möchte ich vermeiden, dass finanzielle Härten entstehen. Über Ihre Unterstützung für die Arbeit freue ich mich sehr und bedanke mich im Voraus für das entgegengebrachte Vertrauen.

Liebe Grüße

✂ ____

Bitte bestellen Sie für mein Kind das folgende Buch/die folgenden Bücher
(Zutreffendes bitte ankreuzen. Beispiel: ja / nein)

- Bröger, Achim, Mein 24. Dezember, Arena TB 4113 ja / nein
- Lobe, Mira, Das kleine Ich bin Ich, Jungbrunnen ja / nein
- Michels, Tilde, Kleine Hasen werden groß, dtv junior 70157 ja / nein
- Knister, Die Sockensuchmaschine, Arena TB2048 ja / nein

Name:____________________ Unterschrift:__________________

Der Rücklauf machte deutlich, dass das Konzept der Leseförderung „Kinder lernen lesen mit Büchern", wie ich es mir vorgestellt hatte, im 2. Schuljahr umgesetzt werden konnte. Nach einem Jahr würden wir auf einem weiteren Elternabend unsere Erfahrungen auswerten und über die Arbeit im 3. Schuljahr gemeinsam beraten.

4. Fremde Welten entdecken mit einem Sachbuch

„Das will ich wissen: Piraten", Bernhard Lassahn

Über das Buch:

Pedro startet mit seinem Vater zu seiner ersten Seereise. Bald wird ihr Handelsschiff von Piraten überfallen, die Schätze fallen ihnen in die Hände und die Passagiere werden gefangen genommen. Neben dieser Geschichte findet sich eine Vielzahl von Sachinformationen über berühmte Piraten wie Störtebeker und Sir Francis Drake, das Leben an Bord eines Piratenschiffs, seine Ausrüstung, die Tricks der Piraten und über die Schätze, die die Piraten in früheren Jahren auf den Weltmeeren erbeuteten.

Materialkiste:

- Das Kindersachbuch **„Das will ich wissen: Piraten"** von Bernhard Lassahn und Peter Klauke
- **„Seemannsgarn"** von Bernhard Lassahn
- **„Hexe Lilli"** von Knister
- **„Nickel auf Piratenjagd"** von Achim Bröger

- schwarzer Filz für eine Piratenflagge
- angeflämmtes Papier für eine Schatzkarte und leere Flaschen für eine Flaschenpost
- Zeitungspapier zum Falten von Schiffen
- Halbedelsteine, Goldtaler und silbern glitzernde Steine für materialorientierte Arbeitsaufgaben in der Mathematik (Thema: Einführung des Hunderterraums)
- geeignete Materialien für Versuche zum sachunterrichtlichen Thema „Schwimmen und Sinken"
- eine Schatzkiste
- Hörspielkassette: „Pippi Langstrumpf und die Piraten" von Astrid Lindgren
- Lesebegleitheft

Zu Beginn der 2. Klasse versuchte ich die Kinder nach der großen Freiheit, dem Müßiggang, dem Faulenzen und den Erlebnissen während der Ferien, mit dem Abenteuer versprechenden Thema „Piraten" für das Lernen in der Schule zu gewinnen.

Nach den positiven Erfahrungen des stillen Lesens in Büchern beabsichtigte ich, die Arbeit mit Buch und Lesebegleitheft in die Piratenwerkstatt zu integrieren. Neu hinzukommen sollte das stille Lesen in einem Sachbuch, dessen Inhalt durch Hinzuziehen von Informationen aus Büchern einer themenbezogenen Bücherkiste vertieft werden sollte. Alle Kinder sollten ihrem individuellen Lesevermögen entsprechend einzelne Teile oder das ganze Sachbuch lesen. **„Das will ich wissen: Piraten"** hatte Luca während der Arbeit in der Piratenwerkstatt in der letzten 2. Klasse den anderen Kindern vorgestellt. Viele Kinder hatten im offenen Unterricht gerne darin gelesen. Wegen des großen Zuspruchs bei diesen Schülerinnen und Schülern prüfte ich, ob es nun als Klassenlektüre in Frage käme. Ich hielt es wegen seines hohen Aufforderungscharakters, der gut lesbaren Schrift, der kurzen Sachtexte und der ansprechenden Illustrationen für gut geeignet. Es bot viele Möglichkeiten mit Hilfe eines entsprechenden Lesebegleitheftes die Kinder zu handlungsorientiertem und kreativem Lesen anzustiften.

Neben der Arbeit mit dieser Lektüre für alle Kinder legte ich die Bücher auf dem **Büchertisch** aus, die die Bibliothekarinnen uns liebevoll für unsere Piratenwerkstatt zusammen gestellt hatten. Sie sollten zum Schmökern in der Freizeit anstiften und weitere Informationen bei Sachfragen geben. Hatte ein Kind ein Buch ausgelesen, so sollte es den anderen in einer kurzen Stellungnahme Tipps zu dieser Lektüre geben und sie gegebenenfalls ebenso zum Lesen dieses Buches anstiften.

Klaas, eine als Pirat verkleidete Stockpuppe, „las" den Kindern bei unseren täglichen Leseversammlungen aus dem Buch **„Seemannsgarn"** vor, was Hein Blöd und Kapitän Blaubär zurecht spinnen, wenn sie abends in ihren Hängematten liegen. Die Kinder hatten viel Spaß mit Klaas zu streiten und tauschten Argumente aus, ob die Geschichten wohl wahr oder unwahr wären. Nach wenigen Leseversammlungen ersannen sie selbst Seemannsgarn und gaben ihre Geschichten zum Besten. Ich wählte das Buch „Seemannsgarn" nicht zuletzt deshalb aus, weil es u.a. mit kurzen Comics auch die schwächeren Leser ansprach. Kindern, die gerne Comics lesen, wollte ich deutlich machen, dass dies durchaus in Ordnung ist. Wichtig war mir vor allem, das Lesen mit allen Möglichkeiten attraktiv zu machen. Auch beim Lesen von Comics würde sich die Lesefähigkeit der Erstleser verbessern.

Da die Mädchen und Jungen meiner Klasse es liebten, wenn ich ihnen Geschichten aus einem Buch vorlas, wählte ich außerdem **„Hexe Lilli und die Piraten"** von Knister aus. Das Thema „Piraten" ist von der Historie her stark mit männlichen Attributen besetzt, mit der gewitzten Hexe Lilli und einer Kassette von **„Pippi Langstrumpf bei den Piraten"** bemühte ich mich diesbezüglich einen Ausgleich zu schaffen.

Ich hatte die Kinder vor den großen Ferien gefragt, ob sie Lust hätten, im August mit einer **Piratenwerkstatt** wieder ins Schulleben einzutauchen, und war auf große Zustimmung gestoßen. Auf eine gezielte Hinführung zum Thema verzichtete ich daher. Mit einem gemeinsamen **Planungsgespräch**, an dem sich alle rege beteiligten, ging es los. Die Kinder entwickelten eine Vielzahl pfiffiger Ideen zum Werkstattthema.

Auf dieser Grundlage erarbeitete ich ein **Lesebegleitheft** und einen **Arbeitsplan**. Beides sollte den Kindern während des offenen Unterrichts als roter Faden zur Orientierung dienen. Im Übrigen wollte ich auf diese Weise verhindern, dass einzelne Kinder sich nur die Rosinen aus dem Werkstattthema herauspickten. Erst nach dem Lesen des entsprechenden Textes im Buch konnte beispielsweise eine Piratenflagge angefertigt werden. Daran anschließend musste das Lernwort „schwarz" ins Lesebegleitheft geschrieben werden.

Das Lesebegleitheft war so angelegt, dass es die einzelnen Kinder auf der jeweiligen Stufe ihrer individuellen Lesefähigkeit abholte. Im sogenannten Pflichtteil mussten alle Kinder die Geschichte „Pedros erste Seereise" lesen und dazu entsprechende Aufgaben bearbeiten. Im anschließenden Wahlteil konnte man sich im eigenen Arbeitstempo über die unterschiedlichsten Sachinformationen des Themas informieren und dazu weitere Anregungen aus dem Lesebegleitheft in die Tat umsetzen.

Inhalte aus Arbeitsplan und Lesebegleitheft:

- ⇨ **Grundwortschatz**: Pirat, Piraten, Schiff, Wasser, Schatz, Insel, schwimmen, sinken, Gold und schwarz. Diese Lernwörter wurden von den Kindern vorgeschlagen und von mir ergänzt.
- ⇨ **Schreibanlässe**: Schatzkarte, Flaschenpost, Seemannsgarn, Piratengeschichte , Fantasiereise.
- ⇨ **Sachunterricht**: Thema „Schwimmen und Sinken" (Ideen dazu fand ich in der Kinderzeitschrift „Mücki und Max", Heft Juli/August 97).
- ⇨ **Mathematik**: Der Schatz. Ein großer Haufen silbrigglänzender Steine musste sortiert und in Zehnerschritten gezählt werden.
- ⇨ **Musik**: Musikwerkstatt zu dem Thema „Auf Matrosen packt alle an" unter der eigenständigen Leitung der Lehramtsanwärterin.

Ich ermunterte die Kinder sich beim Malen und Schreiben der Schatzkarte und bei der Flaschenpost besonders viel Mühe zu geben, da wir sie später in unser Jahrbuch vom 2. Schuljahr aufnehmen wollten.

Die Piratengeschichten der Kinder band ich nach Abschluss der Unterrichtseinheit zu einem Klassenbuch, aus dem wir bei unseren Leseversammlungen mit Vergnügen vorlasen und das auch später zum stillen Lesen in der Klasse einlud.

Ich hatte damit begonnen, bei einzelnen Kindern den **Weg vom spontanen Schreiben zum gezielten Schreiben** anzubahnen und sie zum Überarbeiten ihrer Texte anzuleiten. Mit ersten kleinen **Schreibkonferenzen** machte ihnen diese Arbeit besonders viel Spaß. Wenn sie später als Autor ihre gelungenen Texte vortragen durften und mit Applaus von ihren Klassenkameraden für die Mühe belohnt wurden, war ihnen einsichtig, dass sich die Mühe des Überarbeitens gelohnt hatte.

Mit dem gebundenen Klassenbuch in der Hand genossen sie die Rolle, sich selbst als Autor zu erleben und einem Publikum vorzutragen. Besonders gelungene Texte lasen die jungen Schreiber einem erweiterten Hörerkreis bei einer **öffentlichen „Autorenlesung"** in der Stadtteilbibliothek vor. Die Zuhörer setzten sich aus Eltern, Geschwisterkindern und Lesern der Bibliothek zusammen, die sich zu dieser Veranstaltung angemeldet hatten.

Im **Musikunterricht** hatte Jana, unsere Lehramtsanwärterin, ein Projekt zu der Wagner-Oper „Der fliegende Holländer" durchgeführt. Auch diese Arbeitsergebnisse stellten die Kinder unter Janas Leitung der erweiterten Öffentlichkeit in der Bücherei vor. Auf einer Irrfahrt durch die Meere sangen die Kinder als „Matrosenchor" Lieder, die sie während der Werkstatt erlernt hatten. Begleitet von der Musik aus der Ouvertüre der Oper stellten sie ein

Unwetter auf hoher See dar und begleiteten im Wechselgesang Jana zur Geige. Abschließend erlebten die Kinder und Zuschauer die Rahmenhandlung des fliegenden Holländers auf einer Fantasiereise, zu der sie Jana als Erzählerin mitnahm.

Nach der gelungenen **Präsentation**, die von den Zuschauern mit viel Beifall bedacht wurde, konnten unsere jüngeren Zuhörer ihrerseits aktiv werden. Die Bibiothekarinnen hatten Bücher mit Abbildungen von Piratenflaggen bereitgelegt, die sie nun eifrig studierten. Anschließend luden Deckweiß, Stöcke und schwarzer Filz ein, sich ebenfalls eine Piratenflagge zu gestalten. Die Kinder der Klasse nutzten ebenfalls die Zeit, um im Lesepool in **Büchern für die häusliche Lektüre** zu stöbern.

Anschließend stürzten sich die Akteure mit ihren Geschwistern und den jungen Besuchern der Bücherei in Wasserfluten und ließen sich aus den Schläuchen der Feuerwehr nass spritzen. Bei der **Wasserschlacht der Badehosenpiraten**, die zudem mit Wasserbomben ausgerüstet waren, ging es so hoch her, dass selbst die Feuerwehrmänner aufpassen mussten, nicht selbst nass zu werden. Die Hilfsbereitschaft der freiwilligen Feuerwehr in der Nachbarschaft der Bibliothek und das freundliche Engagement der Bibliothekarinnen ermöglichte den Kindern der Klasse, sich als aktive Leser die Räume der Bibliothek anzueignen und Anregungen aus der Literatur unmittelbar in die Tat umzusetzen.

Klar, dass das Lesen in den bei dieser Gelegenheit ausgeliehenen Büchern den meisten Kindern zu Hause um so mehr Vergnügen bereitete.

Mit den Eltern und Geschwisterkindern feierten wir zum Abschluss der Werkstatt als Piraten verkleidet ein **Piratenfest** auf unserem Schulgelände. Eine Schatzsuche und Piratenspiele im Lehrschwimmbecken gehörten ebenso zum Fest wie Grillwürstchen und gute Laune.

Lesen als Tor zum Abenteuer hatten die Kinder nach Abschluss der Piratenwerkstatt in ihrer Fantasie und in der Realität erlebt. Die ausgelassene Stimmung beim Piratenfest vermittelte auch den Familien, wie viel Spaß die Kinder bei der Arbeit hatten.

Aktive Elternarbeit im Sinne einer **Erziehungspartnerschaft** halte ich für einen wesentlichen Bestandteil des Konzepts „Öffnung von Schule". Wichtig ist, die Eltern an pädagogischen und didaktischen Überlegungen aktiv zu beteiligen. Väter und Mütter können Anteil haben am „Haus des Lernens" als Baustelle für Eltern, Kinder und Lehrer. Kooperationen mit Institutionen des schulischen Umfeldes ergänzen die Arbeit, die in den Räumen der Schule geschieht, und geben ihr in den Augen der Kinder einen anderen Stellenwert.

Aktionen zum Buch:

- Ein Piratenfest mit allen Familien
- Die Kinder veranstalten eine Autorenlesung in der Bibliothek.
- Eine Wasserschlacht mit Wasserbomben und Wasser aus allen Rohren der Feuerwehr.

5. Bücher in Konkurrenz zur multimedialen Arbeit

Thema „Tiere im Zoo"

Materialkiste:

- eine **Bücherkiste zum Thema „Zoo"** aus der Bibliothek
- diverse Ausgaben der **Kinderzeitschrift** „Mücki und Max"
- Rechner und CD-ROM zum Thema „Zoo"
- Arbeitsblatt mit dem Liedtext „Die Affen rasen durch den Wald"
- Schuhkartons für die „Gehege" (im Klassensatz)
- Zahnstocher und Schaschlikstäbe
- weitere Materialien, die sich zum Nachbauen eines Geheges eignen
- DIN A 6 Hefte (im Klassensatz)
- Wochenplan

Mit Schwung näherten wir uns auf Vorschlag der Kinder der **Werkstatt** zum Thema **„Tiere im Zoo"**. Bevor wir mit der schulischen Arbeit begannen, stand ein **Besuch im** Krefelder **Zoo** auf unserem Programm. Die Kinder sollten dafür einen Block und Schreibmaterial mitnehmen. Sie hatten die Arbeitsaufgabe, Tiere und Gehege genau zu betrachten und sich für eine Art besonders zu interessieren. Sie sollten sich anhand einer Texttafel über ein Tier ihrer Wahl detailliert informieren und sich schriftliche Notizen machen. Eine Skizze des Geheges sollte bei seinem späteren Nachbau als Gedächnisstütze dienen. Alle Aufzeichnungen über das ausgewählte Tier konnten bei der späteren Werkstattarbeit für einen Steckbrief hinzugezogen werden.

Am Thema „Tiere im Zoo" wollten wir nicht wie bisher üblich mit einer gemeinsamen Klassenlektüre, sondern mit einer **themenbezogenen Bücherkiste** aus der Bücherei und mit Artikeln aus Kinderzeitschriften arbeiten. Arbeitsteilig sollten sich die Kinder mit den verschiedenen Arten und Rassen auseinandersetzen und ihr Wissen in vielen kleinen Büchern schriftlich festhalten.

Ein gemeinsam erarbeiteter Arbeitsplan gab den Kindern wie gewohnt Orientierung, welche Arbeiten zu erledigen waren. Für die Arbeit an diesem Thema wollten wir uns einschließlich Zoobesuch ca. drei bis vier Wochen Zeit lassen.

Informationsbeschaffung mit Hilfe einer CD-ROM:
Besonders attraktiv war bei dieser Werkstatt die Informationsbeschaffung mit Hilfe einer **CD-ROM**. Es stellte sich in der Praxis schnell heraus, dass die Arbeit an nur einem PC für 27 Schülerinnen und Schüler unproblematischer war, als ich befürchtet hatte. Natürlich waren die Kinder begeistert, dass wir dieses neue Arbeitsmittel in den Werkstattunterricht integrieren würden. Bevor es aber losgehen konnte, mussten gemeinsam Regeln erarbeitet werden, wie die Arbeit organisiert werden kann. Ich machte bei diesem Gespräch deutlich, dass es mich überfordern würde, wenn ich während des Werkstattunterricht auch noch ständig zum PC eilen müsste, um bei Problemen Hilfe zu leisten. Das konnten die Kinder akzeptieren und so einigten wir uns darauf, mit den folgenden Regeln die für uns alle unbekannte Arbeitsform in Angriff zu nehmen:

Regeln:
- ⇨ Wir arbeiteten ausschließlich in den Phasen des offenen Unterrichts mit dem PC.
- ⇨ Jan stand als Experte bei Schwierigkeiten zur Verfügung. Er machte sich schon zu Hause am PC mit der CD-ROM vertraut. In der Schule übernahm er die Einweisung in das Programm für kleine Gruppen und stand als Hauptansprechpartner für diese Unterrichtsreihe zur Verfügung.
- ⇨ Alle Kinder verpflichteten sich, Streit bei der Arbeit mit diesem attraktiven Medium zu vermeiden.
- ⇨ Wir hängten eine Liste aus, in die sich die Kinder eintrugen, wenn sie mit der Arbeit begannen.

⇨ Kinder, die Informationen über das gleiche Tier suchten, sollten sich zur Partnerarbeit zusammenfinden.

Mit Bleistift und Papier ausgerüstet konnten die Zweitklässler nun Informationen über ihr Lieblingstier hören, sehen und lesen. Teilweise notierten sie Stichpunkte, um diese später beim Schreiben ihres Textes verwenden zu können. Ich war angenehm überrascht, wie unproblematisch sich die Arbeit mit dem PC in den Werkstattunterricht integrierte. Meine eigenen Ängste und Befürchtungen wurden zerstreut. Dass es in der heutigen Zeit ein Gebot der Chancengleichheit ist, wenn alle Kinder in der Schule Gelegenheit haben mit diesem Medium zu arbeiten, lag ohnehin auf der Hand.

Arbeit mit einer themenbezogenen Bücherkiste:
Mit der Unterrichtsreihe zum Thema „Zoo" konnten die Kinder im ersten Halbjahr des zweiten Schuljahres zum ersten Mal **arbeitsteilig mit einer Bücherkiste** arbeiten. Da die Bibliotheken zu diesem Thema in der Regel über eine Vielzahl von Büchern verfügen, ist es relativ leicht geeignetes Lesefutter für das erste Lesejahr zu finden. Die neue Arbeitsform musste gründlich mit der ganzen Klasse besprochen und eingeübt werden. In einem Regal fanden fast alle Kinder Bücher über ihr jeweiliges Lieblingstier. In den folgenden Wochen fand ich in den Phasen der offenen Unterrichtsarbeit Zeit, mit einzelnen Kindern in den Büchern zu stöbern, und bot ihnen Hilfe bei der Informationsbeschaffung zu ihrem Tier an. Einige Kinder waren durchaus selbstständig in der Lage, geeignete Lektüre zu ihrem Thema zu suchen, und durchforschten sie nach nützlichen Informationen.

„Mücki und Max" als Informationsquelle:
Neben Bücherkiste und CD-ROM konnten die Kinder auf die **Kinderzeitschriften** aus meinem Fundus zurückgreifen, die ich für diese Werkstatt ausgewählt hatte. Für ca. zehn Tiere standen kurze Sachtexte zur Verfügung, die besonders für die schwächeren Leser eine wertvolle und übersichtliche Informationsquelle darstellten. Zeitschriften bieten Kindern, denen das Lesen von Büchern schwerfällt, eine andere Chance Zugang zur Welt des Lesens zu finden.

Tipp

Seit Jahren habe ich die Kinderzeitschrift „Mücki und Max" abonniert. Ich finde immer wieder Anregungen für die Unterrichtsgestaltung im 1. und 2. Schuljahr. Die Zeitschrift ist außerdem gut für den unmittelbaren Einsatz in der Klasse geeignet, denn „Mücki und Max" erfüllt alle Kriterien, die den jungen Lesern die Arbeit mit unbekannten Texten erleichtern.

Mit Gedichten fällt das Lesen leichter:

Zusätzlich zu den Sachtexten, die die Kinder während der Arbeit in der Zoowerkstatt bearbeiteten, wollte ich einen **lyrischen Text** zum Lesen anbieten. Beim Stöbern in meinen Unterlagen stieß ich auf das humorvolle Gedicht „Glück gehabt" von Josef Guggenmos. Witzig dichtet Josef Guggenmos über die Begegnung einer Ameise mit einem Elefanten.

Nachdem Benjamin, ein früherer Schüler von mir, den Zweitklässlern das Gedicht bei einem seiner Besuche gekonnt vorgetragen hatte, wollten ihm alle nacheifern.

Die Kinder zogen sich zum Auswendiglernen in kleinen Gruppen in eine der vielen Ecken in unserem Klassenraum zurück. Die guten Leser lasen zunächst den schwächeren Lesern den Text vor, das Auswendiglernen musste von jedem jedoch selbst geleistet werden. Natürlich nutzten dazu alle Kinder die Textvorlage. Einen teilweise bekannten Text erneut zu lesen, fiel den schwächeren Lesern leichter.

Schreibanlass:

Die persönlichen Notizen von unserem Zoobesuch und alle Informationen, die die jungen Leser in den Kinderzeitschriften, den Büchern und auf der CD-ROM gefunden hatten, bildeten die Grundlage für einen Steckbrief, den jedes Kind über sein Tier anfertigen sollte. Ein auf DIN-A6-Format gefaltetes Blatt erhielt einen farbigen Umschlag, wurde zusammengetackert und war nun ein kleines Buch, in dem jedes Kind über sein Zootier informierte.

Gemeinsam erarbeitete Leitfragen halfen den Kindern gezielt Sachinformationen über ihr Lieblingstier schriftlich festzuhalten. Anschließend wurde das Infoheft mit einem Titelbild à la Keith Haring versehen, und erhielt einen Titel und den Namen des jungen Autors oder der Autorin. Mit einem Band am Gehege des jeweiligen Lieblingstieres befestigt, lieferte es den „Zoobesuchern" entsprechende Informationen.

Kunst:

Die Kinder hatten im Krefelder Zoo das Gehege eines Tieres ihrer Wahl skizziert und dazu Notizen gemacht. Diese Informationen galt es für den Bau eines artgerechten Geheges zu nutzen.

In einem Schuhkarton gestalteten die Kinder das Gehege entsprechend. Sie notierten, welche Materialien sie benötigten, und brachten diese mit Stofftieren, Holztieren etc. von zu Hause mit.

Es war Gregor, der mit einem selbst geformten grünbraunen Krokodil, das sehr bewundert wurde, den Impuls gab, Tiere aus Salzteig zu formen. Gregor besorgte für alle Interessenten das Salzteigrezept und stand als Experte Rede und Antwort. Kinder, die sich ebenfalls ein Tier aus Salzteig formen wollten, konnten dies nun in ihrer Freizeit zu Hause erledigen. Eisbären, Pinguine, Krokodile, Nashörner und Tiger schmückten fortan den Zoo unserer Klasse.

Im Wochenplan fand sich zum Bereich Kunst/ästhetische Erziehung die Aufgabe entsprechend einer Vorlage von Keith Haring ein Tier bzw. einen Zoo zu gestalten. Wir informierten uns zunächst gemeinsam über den Künstler und sein Werk. Die Kinder setzten diese Kenntnisse in den Phasen des offenen Unterrichts zur Gestaltung eines eigenen Bildes à la Henrik, Tim oder Anna Thea „Haring" um.

Anschließend wählten die jungen Künstler aus einer bunten Palette von zur Verfügung stehenden Passepartouts ein farblich zu ihrem Werk passendes aus.

Eine „Piazza" vor unserer Klasse:
Alle siebenundzwanzig „Keith Harings" der Klasse arrangierten wir zu einem „Gesamtkunstwerk" und präsentierten es an einer Pinnwand vor unserem Klassenraum. Die Tiergehege stellten wir dort ebenfalls auf Fensterbänken, Schultischen und Theken aus.

Neben unserem Klassenraum befindet sich auch der Musikraum der Schule, der von vielen Klassen und sonstigen Gruppen genutzt wird. Unsere „Zooausstellung" an diesem Ort bot also die Möglichkeit, die Arbeiten der Kinder einer breiteren Öffentlichkeit zu präsentieren.

Tipp

Anregungen für die erweiterte Nutzung des geräumigen Flures fand ich in einem Buch über die Pädagogik der Kindertagesstätten in der oberitalienischen Stadt Reggio Emilia. Kernstück der Reggio-Pädagogik ist die Vernetzung aller kindlichen Aktivitäten auf einer Piazza. Die Piazza ist, wie in jeder italienischen Stadt, Ort der Begegnung, der Kommunikation und des Austausches. Auf der Piazza treffen sich Kinder und Erwachsene. Sie ist ein Ort der Begegnung und hat eine soziale Funktion. „Es gibt Dinge zum Spielen, zum Betrachten, zum Betasten, zum Ausprobieren, zur Begegnung mit den Materialien alleine und mit anderen Kindern und Erwachsenen", schreibt Elisabeth Krieg in ihrem sehr lesenswerten Buch „Hundert Welten entdecken" (S. 37).

Der Gedanke, eine Art „Piazza" aufzubauen, faszinierte mich nicht zuletzt wegen der vielfältigen Möglichkeiten für die Kinder, Erfahrungen des Miteinanders und des sich Näherkommens auch außerhalb der eigenen Klasse zu sammeln. Diese Möglichkeit, die Palette der sozialen Kompetenzen zu erweitern, griff ich gerne auf. Den pädagogischen Grundlagen der Reggio-Pädagogik versuchte ich mit der erweiterten **Nutzung des geräumigen Flurs** vor dem Musikraum ein Stück näherzukommen. Der Flur hatte nicht nur als Verkehrsweg für das innerschulische Leben eine Funktion, sondern sollte sich durch wechselnde Austellungen und Angebote zu einem sozialen Mittelpunkt für alle Schüler entwickeln.

Es stellte sich bald heraus, dass unsere **Zooausstellung** einen hohen Aufforderungscharakter hatte. Zunächst bot sie den Kindern der Klasse eine Möglichkeit, sich nach Lust und Laune zu einem beliebigen Zeitpunkt während des offenen Unterrichts über die Arbeiten der Klassenkameraden zu informieren. Die Ergebnisse der arbeitsteiligen Gruppenarbeit wurden auf diese Weise von den Kindern in eigener Regie zusammengeführt. Diese Form des sich Begegnens führte dazu, dass auch Kinder, die vorher wenig miteinander gemein hatten, neue Wege des Sich-Kennen-Lernens betraten.

Eifrig organisierten sie „Zooführungen", lasen in den Infoheften ihrer Mitschülerinnen und Mitschüler und betrachteten stolz unser Gesamtkunstwerk à la Keith Haring. Für weitergehende Fragen stellten sich die Autorenkinder als Experten zur Verfügung, gaben auf Nachfrage Tipps, in welchen Büchern aus der Bücherkiste Interessenten Genaueres über ein bestimmtes Tier erfahren könnten, und erprobten sich auf diese Weise in neuen Formen selbst gesteuerter schulischer Kommunikation.

Es zeigte sich, dass unser Angebot auch von den anderen Schülern der Schule gerne genutzt wurde. Selbst Kinder aus den vierten Klassen wanderten durch den „Zoo", betrachteten die Tiere in ihren Gehegen, informierten sich anhand der kleinen Infohefte, lasen Philipps Gedicht, das ein Eisbär stolz an seinem Hals trug und ertasteten Gegenstände, die in einer Fühlkiste bereitlagen. Überrascht registrierten die Kinder, dass ihre Arbeit ihnen sogar bei den Großen Anerkennung einbrachte.

Beim **Auswertungsgespräch** über die Zoowerkstatt schlug Sven vor, die Eltern zu einem „Zoo"-Besuch einzuladen. Alle waren einverstanden. Die Kinder wollten in Eigeninitiative Einladungen aussprechen und Zooführungen organisieren. Häufig konnten nun während des offenen Unterrichtsbeginns oder nach Schulschluss Eltern, Geschwister oder Großeltern begrüßt werden, die sachkundig durch den „Zoo" geführt wurden.

Musik:
Da alle so engagiert in der Zoowerkstatt gearbeitet hatten, griffen wir zum Schluss Dennis' Vorschlag auf und sahen uns vor den Herbstferien seinen Videofilm „Dschungelbuch" an. Auch dabei überraschten mich die Kinder: „Die Affen rasen durch den Wald", hieß das Lied, das wir schon während der Werkstattarbeit gelesen, auswendig gelernt und mit Vergnü-

gen gesungen hatten. Mit Genuss hatten wir dabei die von Katrin spontan spendierte Kokosnuss und Kokosmilch gekostet, und die Kinder hatten singend stets aufs Neue ihre Freude an dem humorvollen Lied bekundet.

An einer Stelle des Films „Dschungelbuch", als die Affen im Vordergrund der Handlung standen, schlug Jessica vor, den Film zu unterbrechen. „Können wir jetzt nicht erst alle das Lied singen?", fragte sie. Klar, alle waren sofort dafür. Gut, dass Jana, die Lehramtsanwärterin, ihre Gitarre mitgebracht hatte. Viele Kinder wollten Solosänger sein, alle sangen aus voller Kehle den Refrain: „Wo ist die Kokosnuss, wo ist die Kokosnuss, wer hat die Kokosnuss geklaut?" Dass Kinder einen fesselnden Videofilm unterbrechen wollen, um selbst aktiv zu werden, hatte ich in meiner langjährigen Tätigkeit als Lehrerin noch nicht erlebt.

Damit nicht genug. Als die Elefantenpatrouille in den Film durch den Dschungel stampfte, hatte Alina eine neue Idee. Könnten die Kinder den Marsch und das Lied nicht auch lernen? Guter Vorschlag, fanden alle. Das Thema für den Musikunterricht nach den Herbstferien war gefunden. Viele Beobachter amüsierten sich köstlich, als Jana mit den Kindern den Vorschlag in die Tat umsetzte und mit der **„Elefantenpatrouille"** laut singend in einer langen Reihe kreuz und quer über den Schulhof marschierte. Dazu hatte sie die Kinder mit Rüsseln aus Papprollen ausgestattet. Diese waren zuvor grau angemalt worden, dann wurde vorne über der Öffnung ein Zellophanpapier mit einem Gummi befestigt, sodass so ein faszinierendes Musikinstrument entstand. Vergnügt bliesen die Kinder zur Unterstützung des Elefantenchores an den entsprechenden Stellen in ihr selbst gebautes Instrument.

Aktionen zum Thema „Zoo":

- Sich bei einem Zoobesuch über Tiere informieren.
- Zootiere aus Salzteig basteln.
- Bilder von Zootieren à la Keith Haring malen.
- Eine Zoo-Ausstellung aufbauen und Zooführungen organisieren.
- Eine musikalische Elefantenpatrouille auf dem Schulhof.

6. Auf eigenen Wegen ins Land des Lesens

Von der Schmökerstunde zum Lesetagebuch

Nach den Herbstferien stand für eine Schmökerstunde mit einer Kleingruppe eine neue, gut gefüllte **Lesekiste** mit Schätzen bereit, die zum Schmökern in der Schule und zu Hause einluden. Dennis, der gerne besonders lange Geschichten erfand, hatte nach geraumer Zeit keine Lust mehr, in seinem Buch zu lesen, während andere Kinder noch in ihre Lektüre vertieft waren.

„Muss ich weiter lesen?" Eine Frage, die mich sofort alarmierte. „Musst du nicht, aber willst du nicht ein **Lesetagebuch** zu dem Buch schreiben, das du dir ausgesucht hast?" Dennis war sofort Feuer und Flamme! Schnell falteten wir einige DIN-A4-Blätter auf DIN-A5-Format, versahen sie mit einem farbigen Umschlag seiner Wahl und tackerten sie zum ersten Lesetagebuch zusammen. Ich besprach mit Dennis die wichtigsten Punkte, die bei einem Lesetagebuch zu berücksichtigen wären, und schon machte er sich mit neuem Schwung an die Arbeit. Am nächsten Morgen stand er, noch in der Phase des gleitenden Schulbeginns, neben mir und erzählte freudig, dass er mittags weiter mit seinem Buch und seinem Lesetagebuch gearbeitet hätte. Ich fragte ihn, ob er den anderen von seiner neuen Arbeit berichten wolle. Natürlich, er stimmte gerne zu.

Tipp

Da die Kinder über einen großen Schatz außerschulischer Erlebnisse verfügen, die sie den anderen gerne mitteilen wollen, war ich stets hin und hergerissen, wie ich dieses Mitteilungsbedürfnis für alle sinnvoll in den Unterrichtsalltag einordnen könnte. Ich wollte die Kinder nicht ständig in ihren Erzählungen bremsen, wollte aber auch nicht den Rhythmus der themenbezogenen Werkstattarbeit immer wieder spontan unterbrechen. Wir richteten daher einmal wöchentlich eine Stunde unter dem Motto „Was ich euch schon immer erzählen wollte" ein.

Dennis nutzte diese Gelegenheit, sein Lesetagebuch zu präsentieren. Die Kinder spürten seine Freude und Begeisterung und ließen sich davon anstecken. „Können wir nicht auch ein Lesetagebuch schreiben, wenn wir wieder ein Buch lesen?", regte Franziska an und Benedict ergänzte: „Wir haben doch eine neue Lesekiste, können wir nicht darin lesen und dazu ein Lesetagebuch schreiben?" Alle schlossen sich dem Wunsch an.

Flugs legte ich ein schönes, großes Tuch auf den Boden, breitete die 30 Bücher aus der Lesekiste für jeden gut sichtbar darauf aus und legte einen Stapel leerer Hefte daneben.

„Mmmh, ... das ist ja wie ein Buffet, nur mit Büchern", schwärmte Justus.

Die Atmosphäre knisterte, es war gut zu spüren, dass der **Funke der Begeisterung** für das Lesen mit Lesetagebuch zu den Kindern übergesprungen war.

Bevor sich jeder ein Buch aussuchen durfte, besprachen wir gemeinsam, welche Punkte bei der Arbeit mit einem Lesetagebuch immer beachtet werden müssen. Anschließend tauschten die Kinder Ideen aus, zu welchen variierenden Formen der Arbeit es außerdem einlädt:

Mein Lesetagebuch

- ⇨ Titel des Buches
- ⇨ Name des Autors oder der Autorin
- ⇨ Datum
- ⇨ meine Notizen zum Buch
- ⇨ Bilder
- ⇨ meine Ideen zu Gesprächen der literarischen Freunde
- ⇨ ich verändere den Inhalt, wie es mir gefällt ...
- ⇨ So könnte es auch weiter gehen ...
- ⇨ mein Titelbild für das Buch
- ⇨ „Das will ich mir merken!" (wichtige Sachinformationen)
- ⇨ meine Meinung zum Buch
- ⇨ Lesetipps und Rätselfragen für meine Freundinnen und Freunde
- ⇨ ...

Ich hielt alle Punkte an der Tafel fest und strich noch einmal deutlich heraus, dass diese Liste eine **Ideensammlung** wäre. Nicht alle Punkte mussten von allen Kindern jetzt schon beachtet werden. Die wichtigste Aufgabe des Lesetagebuches war es, den Spaß am Lesen zu unterstützen, da es den Kindern stilles, selbstbestimmtes und aktives Lesen ermöglichte.

Jetzt konnte es losgehen: Zwei Stunden arbeiteten die Zweitklässler hochkonzentriert, ohne Störungen oder Unterbrechungen mit Buch und Lesetagebuch. Die meisten schmökerten alleine in einem Buch, andere hatten sich zu zweit in die diversen Nischen unseres Klassenzimmers zurückgezogen. Sie lasen sich gegenseitig vor, diskutierten über die literarische Vorlage und schrieben in wechselseitigem Austausch in ihre Lesetagebücher.

„Dürfen wir zu Hause daran weiter arbeiten?", baten viele. Natürlich stimmte ich zu. Wir vereinbarten, dass dazu in den nächsten Tagen Gelegenheit sein sollte. Kinder, die ihr Buch ausgelesen hatten, konnten das Ergebnis ihrer Arbeit während der Leseversammlungen vorstellen und Lesetipps an die anderen weitergeben. Alle Lesetagebücher wurden auf unserem Büchertisch zur Ansicht ausgelegt. Der wichtige Schritt, die Brükke vom schulischen Lesen zum Lesen in der Freizeit zu schlagen, wurde von allen selbstverständlich vollzogen. Viele Kinder waren gar nicht zu bremsen.

In den folgenden Wochen präsentierte der eine oder andere immer mal wieder stolz ein Lesetagebuch, das er aus Lust und Laune selbst angefertigt hatte. Daniels, Jans und Philipps Lesetagebücher zu den Themen „Flaggen" und „Fliegen" stifteten andere Kinder an, ihnen nachzueifern.

Aus meiner Sicht hatte sich die Form des selbstbestimmten Lesens mit Lesetagebüchern in jeder Hinsicht bewährt. Sie boten, wie keine andere Form des stillen Lesens, allen Kindern die Möglichkeit, nach Lust und Laune zu lesen, zu schreiben oder die Lektüre zu unterbrechen. Die wichtige Brücke zum häuslichen Lesen erhielt durch das Lesetagebuch einen zusätzlichen stabilen Pfeiler. Jedes Kind wurde auf der individuellen Lernebene angesprochen. Unterforderung und Überforderung, langsames und hohes Arbeitstempo spielten bei dieser Form des Umgangs mit Literatur keine Rolle.

7. Lesefutter zum heimlichen Lieblingsthema „Haustiere"

Zum Beispiel: „Hunde"

Lange schon stand das Thema „Hund" ganz oben auf der Wunschliste vieler Kinder. Neben den Besonderheiten dieses Haustieres wollte ich exemplarisch mit den Kindern Aspekte erarbeiten, die für die intensivere Auseinandersetzung mit verschiedensten Haustieren von Bedeutung sind. Im offenen Unterricht sollten die Kinder anschließend Gelegenheit haben, sich intensiv mit einem Haustier ihrer Wahl zu beschäftigen. Informationsmöglichkeiten und Arbeitsformen, die sie in der Hundewerkstatt kennen lernten, konnten sie entsprechend ihren Fähigkeiten eigenverantwortlich nutzen.

Für unseren Büchertisch in der **Hundewerkstatt** besorgte ich wieder eine themenbezogene **Bücherkiste** aus der Bibliothek. Darin befanden sich sowohl Sachbücher als auch Bücher mit Geschichten über Hunde. Aktuelle **Zeitungsartikel** über den Hund als Helfer des Menschen hatte ich umgeschrieben. Mit den entsprechenden Fotos aus der Tageszeitung waren sie nun auch für Leseanfänger verständlich. Sachinformationen über die Sinne des Hundes formulierte ich in kindgemäßer Sprache und laminierte dazu einige **Infoblätter**. So konnte ich auf das Kopieren ganzer Klassensätze verzichten. Ein reich bebildertes **Kindersachbuch** mit Texten, die die Kriterien an eine leichte Lesbarkeit erfüllten, stand **als Klassensatz** zur Verfügung. Schließlich ergänzten Artikel aus verschiedenen Ausgaben der **Kinderzeitschrift** „Mücki und Max" das reichhaltige Angebot des „Lesefutters" zur Hundewerkstatt. Ein Lesetagebuch bot die Möglichkeit, etwas zu den verschiedenen Texten zu notieren und eigene Geschichten, Erlebnisschilderungen oder Sachtexte aufzuschreiben.

Materialkiste:

- **„Eine Hand voll Hund"** von Cole (Dieses Buch ist leider vergriffen. Ein informatives Sachbuch für Kinder ist das Buch **„Hunde"** aus der Reihe „Was ist was?" vom Tessloff-Verlag. Aus dem Buch können einzelne Informationstexte, dem jeweiligen Leistungsstand der Kinder angemessen, entnommen werden.)
- authentische Materialien zum Thema „Was der Hund braucht"
- Themenbezogene Bücherkiste
- aktuelle Bilder und Artikel aus der Tagespresse
- diverse Artikel aus der Kinderzeitschrift „Mücki und Max", November 1993
- Ton
- Briefmarken, DIN A4-Papier
- ein Stammbaum aller Hunderassen
- Liedtext: „Ein Mops kam in die Küche..."

An den folgenden **Themenschwerpunkten** wollten wir in der ca. dreiwöchigen Arbeit in der Hundewerkstatt arbeiten:

⇨ Die **Geburt eines Welpen** und seine ersten Lebenswochen. (Darüber informierten sich die Kinder anhand des leider vergriffenen Kindersachbuches von Cole „Eine Hand voll Hund".)

⇨ Die **Körperteile des Hundes**. (Justus Mutter besuchte uns mit dem Mischling Barni und stand als Expertin Rede und Antwort.)

⇨ Der **Hund als Partner** des Menschen. (Besuch von Experten und aktuelle Zeitungsartikel)

⇨ Vom **Umgang mit Hunden**:
a) Die Körpersprache des Hundes.
b) Wie begegne ich einem Hund?

⇨ **Hunderassen**

⇨ Die Sinne des Hundes:
a) Der Geruchssinn
b) Das Gehör

⇨ **Was der Hund braucht**.

Die Unterrichtsreihe zum Thema „Hund" bot besonders viele Gelegenheiten zu **realen Begegnungen**.

Die Hundeführer aus dem Hundesportverein zeigten das Können ihrer Tiere und informierten die Kinder über Wach- und Spürhunde. Matthias bat eine Husky-Züchterin uns über artgerechte Haltung von Schlittenhunden zu informieren. Thomas Mutter brachte die Leonbergerhündin der Familie mit. So erfuhren wir von den Aufgaben eines Hütehundes. Bei einem Besuch meiner freundlichen Labradorhündin Ronja erzählte ich von der Ausbildung und den Aufgaben eines Labradors, der Blindenhund ist.

Tipp

Allen Hundebesitzerinnen und -besitzern der Klasse war es ein Herzensanliegen, den eigenen Hund mit zur Schule zu bringen.

Ich wollte die Kinder nicht enttäuschen. So verabredeten wir uns zu einem **Hundespaziergang**. Nun konnten Jessica, Tim, Karolin, Franziska, Gregor, Lisa und Daniel gleichzeitig ihre Hunde mitbringen und die Kinder hatten Gelegenheit das Verhalten der unterschiedlichen Rassen in dieser Situation zu beobachten. Bevor es aber losgehen konnte, besprachen wir die Regeln, die zu beachten sind, wenn man sich einem fremden Hund nähert. Acht Mütter erwarteten uns mit den Familienhunden an einem zuvor vereinbarten Treffpunkt.

Neben den realen Begegnungen und den Expertenbefragungen hatten wir zu den oben aufgezählten Punkten 5, 6 und 7 Stationen in der Klasse aufgebaut, an denen die Kinder zum Thema arbeiten konnten. Ein Arbeitsplan, der auch die Aufgaben zur rechtschreiblichen Arbeit mit Lernwörtern und Sachtexten enthielt, gab den Kindern in den Phasen des offenen Unterrichts Orientierungshilfen. Im Folgenden möchte ich die **Stationen** kurz darstellen, an denen jeweils zwischen zwei und vier Kinder arbeiteten.

⇨ Stationen 1-3: Hunderassen
Gregor hatte uns ein großes Plakat mitgebracht. Es zeigte einen Stammbaum, auf dem alle Hunderassen abgebildet waren. Wegen seines hohen Aufforderungscharakters und Informationswertes war es eine tolle Ergänzung zu den sonstigen Materialien. Viele sachbezogene Gespräche in Kleingruppen fanden vor der Pinnwand statt, an der wir es befestigten. An diesem Stammbaum orientierten sich die Kinder, um sich für eine Hunderasse ihrer Wahl zu entscheiden. Über diese Rasse wollten sie sich während der Werkstattarbeit näher informieren. Dafür nutzten sie das Angebot des Büchertisches vor dem Klassenraum, stöberten in den reich bebilderten Büchern und lasen schließlich einen kurzen Text über die Hunderasse ihrer Wahl.

Im Lesetagebuch machten sie sich kurze Notizen über das Gelesene. An einer weiteren Station konnte anschließend der entsprechende Hund aus Ton geformt werden. In unserem kleinen Gruppenraum hatte ich einen Tisch mit Wachstuch bedeckt. Hier arbeiteten in den drei Wochen immer jeweils vier Kinder mit Ton.

⇨ Station 4: Was der Hund braucht

Diese Station, ein Ausstellungstisch, war ausschließlich mit authentischen Materialien bestückt, die ein Hund benötigt und die die Kinder selbst mitgebracht hatten. Ich hatte die Namen der Ausstellungsgegenstände auf kleine Reiter geschrieben. Sie mussten rechtschreiblich richtig von den Kinder abgeschrieben werden. In einer lehrgangsmäßigen Situation hatte die Klasse das Thema „Zusammengesetze Nomen" gemeinsam bearbeitet. An dieser Station stand nun der Hundekorb neben dem Hundenapf, die Hundeleine lag beim Hundehalsband usw. Um auch den Tastsinn der Kinder anzusprechen, hatte ich in Fühlkästen ein Schweineohr, Hundefutter und einen Hundeknochen gelegt. Das Ertasten des Schweineohres (aus der Tierhandlung) fanden die meisten Kinder besonders spannend.

⇨ Station 5: Das Gehör des Hundes

Hier lag ein Arbeitsblatt bereit, das die Kinder aufforderte, zu Hause verschiedene Geräusche wie z.B. das Zerreißen eines Blattes, das Zusammenschlagen zweier Topfdeckel, das Blasen in eine Trillerpfeife und das Schreiben mit Bleistift auf Papier zu machen. Diese Töne und Geräusche sollten ausprobiert und von ihrer Lautstärke her bewertet werden. In der Schule lasen die Kinder dann ein laminiertes Infoblatt, das sie unter anderem darüber informierte, dass Hunde mit Stehohren besser hören als ihre Artgenossen mit Schlappohren. Anschließend sollten mit Hilfe des oben erwähnten Plakates über die Hunderassen je fünf Hunderassen mit Stehohren und fünf mit Schlappohren ins Lesetagebuch geschrieben werden.

⇨ Station 6:
Der Geruchssinn des Hundes

Zunächst sollte hier der Geruchssinn der Kinder angesprochen werden. Aus diesem Grund lagen an dieser Station ein Ochsenziemer (Tierhandlung), Trockenfutter und Hundeleckerchen. Als besondere Attraktion stand ein Glas Leberwurst bereit. Diese zum Teil für die menschliche Nase ungewohnten Gerüche fanden die Kinder höchst interessant. Auf einem laminierten Infoblatt konnten sie nachlesen, dass der Geruchssinn des Hundes sich zu dem des Menschen verhält wie die Größe eines DIN-A4-Blattes zu einer Briefmarke. In einem Kästchen lagen Briefmarken, die auf ein entsprechendes Blatt geklebt werden sollten. „Boah!", meinte Jessica

als sie dies getan hatte. „Können die gut riechen", fand Karolin.
Für Kinder, die sich noch intensiver über diesen Aspekt informieren wollten, hatte ich einen Zeitungsartikel überarbeitet, zu dem auch Fotos von Schäferhunden mit ihren Hundeführern gehörten. Diese Tiere hatten als Rettungshunde nach verschütteten Erdbebenopfern in der Türkei gesucht.

Alle Kinder lasen während der Werkstatt in mehreren Büchern aus der Lesekiste, brachten weitere Bücher mit, die sie sich gegenseitig ausliehen, tauschten Tipps zum Thema aus, sammelten Informationen zur Sache, schrieben Sachtexte und Geschichten. Die **Lesetagebücher** erwiesen sich als geeignetes Mittel, die vielfältigen Aspekte des Themas schriftlich festzuhalten. Nur die Übungen zur Rechtschreibung wurden im Schreibheft bzw. im ABC-Ringbuch festgehalten. Bei der Werkstattarbeit sangen die Kinder immer wieder mit Vergnügen das Lied „Ein Mops kam in die Küche ...", das sie zuvor mit einem Partner ihrer Wahl erlernt hatten.

Die Hundewerkstatt machte den Kindern das Angebot sehr differenziert zu lesen, zu arbeiten und zu schreiben. Entsprechend persönlicher Neigungen und Fähigkeiten konnten sie sich unterschiedlich intensiv in das Thema vertiefen. Nach der Arbeit in der Werkstatt sollten sie in bestimmten Bereichen einen für alle gültigen Lernzuwachs erlangen. Für den Sachunterricht hieß das, sie sollten die Körperteile des Hundes benennen und mehrere Hunderassen und ihre unterschiedliche Bedeutung für den Menschen kennen und unterscheiden können. Sie sollten wissen, dass sich der Geruchssinn und das Gehör des Hundes qualitativ erheblich von dem eines Menschen unterscheiden, und sie sollten die Dinge benennen können, die der Hund für sein Wohlbefinden benötigt. Die Körpersprache des Hundes zu deuten und Regeln beim Umgang mit fremden Hunden zu beachten, war allen vertraut.

Im sprachlichen Bereich war neben der Arbeit mit den aktuellen Lernwörtern die Arbeit mit einem kurzen Sachtext zum Thema verbindlich. Er wurde im Anschluss an die Werkstatt als erstes kleines **Diktat** von allen Kindern geschrieben. Aufgrund der intensiven Arbeit mit Lernwörtern und Sachtext während der Werkstattarbeit blieb für alle der Erfolg nicht aus.

In der Hundewerkstatt arbeiteten wir im November. Beim morgendlichen Schlusskreis in unserer Gesprächsecke las ich den Kindern aus dem Buch **„Flockis Abenteuer"** von **Achim Bröger** eine Hundegeschichte vor. Ich hatte diese Lektüre ausgewählt, weil ich die Freude der Kinder am Serienlesen für den Aufbau und die Festigung der Lesemotivation nutzen wollte. Vom Nikolaus bekamen nämlich alle Kinder das Buch **„Mein 24.Dezember"** desselben Autors. „Flocki", der Familienhund, schildert hier aus seiner Perspektive das Zusammenleben in seinem fünf-, nein sechsköpfigen Rudel. Einiges kommt ihm sehr merkwürdig vor. Hat der Große, der Papa, wie ihn alle nennen, Fellwechsel wie er selbst? Nein! Schlimmer! Es stellt sich heraus, dass es sich mit seinem Fell verhält wie bei einem räudigen alten Hund. Es wächst nicht nach. „Dafür," so wundert sich Flocki, „kann er aber noch ganz schön schnell die Treppen rauflaufen." Mit seiner humorvollen Erzählweise fand Flocki leicht einen festen Platz als literarischer Freund in den Herzen der Kinder. In einem zweiten Buch gemeinsam mit ihm die Vorbereitungen am 24. Dezember zu erleben, reizte alle Kinder.

Aktionen rund um den Hund:

- Hundeführer, -züchter und weitere Experten informieren die Kinder.
- Reale Begegnungen mit Hunden.
- Ein Hundespaziergang mit allen Hunden der Kinder.

8. Ein Duft von Gemütlichkeit liegt in der Luft

„Mein 24. Dezember", Achim Bröger

Über das Buch:

Flocki, der junge Hund der Familie, versteht die Welt nicht mehr und erzählt aus seiner Perspektive das Familienleben an einem 24. Dezember. Da wird ein Baum im Wohnzimmer aufgestellt, an dem er sein Bein nicht heben darf. Männer mit Paketen und roten Mänteln wollen sich dem Haus nähern und werden von ihm verbellt, er muss die Streichhölzer verstecken, damit die Familie nicht wie beabsichtigt den „Baum anzünden kann" usw., usw. ... Ein wirklich ereignis reicher Tag, der aber auch zwei gute Würste für ihn bereithält.

In der Adventszeit hatten die Mütter der Kinder eine große hölzerne Krippe im Klassenzimmer aufgebaut. Sie gab dem Raum eine anheimelnde Atmosphäre, die die Kinder einlud, sich wohlzufühlen.

In einer Religionswerkstatt lasen und arbeiteten wir mit Kinderbibeln zu dem Thema: „Was geschah vor 2000

Jahren?" Ich zeigte den Kindern Bilder von Schriftrollen aus dem alten Israel. „So haben die Menschen ihre Texte gesammelt, bevor es Bücher gab", erklärte ich. „Können wir nicht auch eine Schriftrolle schreiben?", schlug Justus vor. Gesagt, getan. Christof suchte im Internet nach hebräischen Schriftzeichen und präsentierte sie stolz der Klasse. Diese kopierte ich und flämmte die Arbeitsblätter an, damit der alte Charakter so unterstrichen wurde. Auf das so präparierte Blatt schrieb jedes Kind: „Was geschah vor 2000 Jahren?" Wir klebten es an einen Stock und im Verlauf der Adventszeit gesellte sich ein Teil der Weihnachtsgeschichte nach dem anderen dazu. Fasziniert freuten sich die Kinder, dass die eigene Schriftrolle immer dicker wurde. Sie erlebten aber auch, dass es recht umständlich war den Text zu lesen. Nichtsdestotrotz nahmen sich viele Kinder vor, von der Schriftrolle die Weihnachtsgeschichte am heiligen Abend im Familienkreis vorzulesen.

Die besondere Atmosphäre der Adventszeit wollte ich für die Bindung der Kinder an Bücher nutzen. Dass Lesen eine gemütliche Stimmung noch steigert, sollten sie in der Schule erleben.

„Mein 24. Dezember" von Achim Bröger begleitete die Kinder in den Phasen des offenen Unterrichts und lud zum stillen Lesen ein. Der Nikolaus brachte in seinem Sack für jedes Kind das Buch und ein Lesetagebuch mit, das die Lesefreude vieler Kinder unterstützte. Da die Geschichten von Flocki wegen der kleinen Schrift für einige noch sehr schwer zu lesen waren, schlug ich vor, sich gegenseitig daraus vorzulesen oder mich für eine Lesung in der kuscheligen Atmosphäre einer Kleingruppe zu gewinnen. Sven und Daniel liebten es besonders, dem anderen zu lauschen oder vorzulesen. Sie genossen die Zeit mit ihren Büchern zu zweit in der Leseecke.

Nicht alle Kinder lasen also das ganze Buch, aber alle Kinder lasen Teile des Buches. Der unterschiedlichen Lesefähigkeit der Erstleser wurde auf diese Art und Weise entsprochen, sodass sich alle köstlich über Flocki an diesem denkwürdigen 24. Dezember amüsierten. Die Kinder ließen sich von Achim Brögers witziger Erzählweise anstecken und erfanden selbst lustige Geschichten für ihre Lesetagebücher. Erneut zeigte sich, dass Witz und Humor junge Leserinnen und Leser in besonderer Weise zum Lesen anstiften und dabei helfen Hürden beim Leselernprozess zu überwinden.

9. Selbstbestimmtes Arbeiten mit Leseratten

„Kleine Hasen werden groß", Tilde Michels

Über das Buch:

Es ist Frühling und im Kaninchenbau ist einiges los. Die Familie hat Zuwachs bekommen und die vielen Kleinen im Nest halten ihre Eltern mächtig auf Trab.
Bei einem Ausflug auf der Suche nach Futter trifft der Kaninchenvater auf die Feldhasenmutter. Sie hat ebenfalls zwei Junge bekommen, die sie in einer Mulde versteckt. Kaninchen und Häsin unterhalten sich über ihre unterschiedlichen Lebensbedingungen und ihren gemeinsamen Feind, den Jäger. Trotz aller Unterschiede, die zwischen den Verwandten deutlich werden, verbindet alle Eltern die Tatsache, dass die Jungen nach geraumer Zeit die Obhut der Familie verlassen und sich auf den Weg machen die Welt zu erobern.

Abenteuer und ein ereignisreiches Leben für die jungen Feldhasen und Wildkaninchen sind angesagt.

Materialkiste:

- **„Kleine Hasen werden groß"** von Tilde Michels
- Lesebegleitheft
- Mindmap
- Bücherkiste zum Thema

Die **Werkstatt** zum Thema **„Hasen und Kaninchen"** wurde nicht in der eingangs vorgestellten Klasse durchgeführt, sondern ich berichte über einzelne Aspekte der Arbeit in einer Integrationsklasse. Im gemeinsamen Unterricht lebten und lernten hier 22 Schülerinnen und Schüler gemeinsam mit einer Sonderpädagogin, einem Zivildienstleistenden und mir als Grundschullehrerin. Im Team mit 22 Grundschulkindern, von denen sechs behindert sind, gestalteten wir das vielschichtige Unterrichtsgeschehen.

Das Thema **„Hasen und Kaninchen"** stand seit langem ganz oben auf der Wunschliste der Kinder, denn einige von ihnen waren stolze Besitzer dieser Haustiere. In der Werkstatt arbeiteten die Kinder entsprechend ihrer Lesefähigkeit mit zwei verschiedenen Büchern. Aus der Reihe „Tierkinder" lasen einige das Buch „Das Kaninchen" (dieses Buch ist leider vergriffen). Die sichereren Leser arbeiteten mit der Lektüre „Kleine Hasen werden groß" von Tilde Michels. Die Autorin knüpft in diesem Buch in einer Rahmengeschichte geschickt Informationen über den Unterschied zwischen Hasen und Kaninchen ein und lässt die Kinder einfallsreich am ereignisreichen und aufregenden Leben von Braunohr und Co. teilnehmen.

Mind-Mapping

Während der Werkstatt rund um Hasen und Kaninchen erhielten die Kinder, die dazu in der Lage waren, stärker als bisher die Chance, selbstständig und eigenverantwortlich zu lernen. Als Methode, sich einem Thema kreativ zu nähern und es anschließend sinnvoll für sich zu strukturieren, erklärte ich einigen die Arbeitsform des **Mind-Mappings**. Anregungen in der Literatur fand ich zu diesem Thema in: „Mind-Mapping – Die kreative Arbeitstechnik" (Hertlein). Wir setzten uns in der Gesprächsecke zu einem **Planungsgespräch** zusammen. Auf dem Fußboden hatten wir eine große Fläche mit Packpapier bedeckt. Darauf fertigte ich entsprechend der Wortmeldungen eine Mindmap an.

Alle Meldungen der Kinder hielt ich mit Wort und Bild fest und setzte sie in Beziehung zueinander. In der Mindmap waren folgende Aspekte des Themas aufgeführt: Aussehen, Lebensraum, Nahrung, Junge, Feinde, Krankheiten, Paarung, Unterschiede zwischen Hase und Kaninchen.
Die Mindmap überarbeitete ich anschließend und übertrug sie auf ein Arbeitsblatt für jedes Kind. Jedes Kind entschied sich für einen **Arbeitsschwerpunkt**. An diesem arbeitete es gemeinsam mit anderen, brachte Materialien mit, sichtete und verarbeitete themenbezogene Bücher der Bücherkiste und nutzte alle Materialien für eine mehr oder weniger umfangreiche schriftliche Arbeit. Dem individuellen Entwicklungsstand entsprechend vertieften sich die Kinder in das Thema. Das Problem Über- oder Unterforderung trat nicht auf, da das individuelle Anspruchsniveau Umfang und Qualität der Arbeit bestimmte.

Neben Formen des selbstbestimmten Arbeitens lasen die Kinder die Klassenlektüre und bearbeiteten sie mit einem **Lesebegleitheft**. Es enthielt Aufgaben, die das Leseverständnis überpüften, erfragte sachunterrichtliche Zusammenhänge und gab Anregungen, die zum **freien Schreiben** einluden. Diese wurden von den Kindern begeistert genutzt. Zunächst banden sie sich kleine Bücher nach dem Lumbeckverfahren (siehe S.116 ff.), erstellten Hefte aus DIN-A3-Blättern und schrieben auf, was die kleinen Kaninchen erlebten, nachdem sie die Geborgenheit des Kaninchenbaus verlassen hatten. Die Gefahren, denen die Häsin Braunohr in der weiten Welt ausgesetzt war, inspirierten sie zu spannenden Geschichten. Jonas schrieb ein eigenes Buch über seinen literarischen Lieblingsfreund „Felix" und die Freundinnen Meryem und Katharina nutzten über Wochen jede freie Minute, um an den eigenen Büchern gemeinsam zu arbeiten. Sie schrieben eine Fortsetzungsgeschichte zu „Kleine Hasen werden groß" und ließen sich täglich von neuen Ideen zum Schreiben anstiften. Stolz präsentierten die Autorenkinder ihre Bücher während der **Leseversammlungen** und freuten sich über Lob und Anerkennung der Zuhörer. Bei dieser Werkstatt wurden nur die Aufgaben zur **Rechtschreibung** in einem verbindlichen Arbeitsplan festgehalten. Alle Kinder verpflichteten sich, damit täglich zu arbeiten. Waren in Texten Lernwörter falsch geschrieben, so übten die Kinder die richtige Schreibweise mit einer Trainingskarte in ihrer **Wörterwerkstatt**. Außerdem konnten die Kinder auf diese Weise individuelle Lernwörter erarbeiten und speichern. Einige Kinder schlugen schwierige Wörter im **Wörterbuch** nach, notierten ihre Schreibweise auf einer Trainingskarte für den individuellen Grundwortschatz und arbeiteten damit an den folgenden Tagen in der Wörterwerkstatt. Zum Abschluss der Werkstattarbeit zum Thema „Hasen und Kaninchen" folgte die Klasse einer Einladung von Nils und Lion und besuchte die Stall- bzw. Hauskaninchen der beiden Jungen.

Aktion zum Buch:

- Besuch eines außerschulischen Lernorts (Besichtigung der Stall- und Hauskaninchen)

10. Schreiben wie die Großen

„Die Sockensuchmaschine", Knister

Über das Buch:

Jonas, ein Junge im Grundschulalter, besucht seinen neuen Nachbarn. Dieser ist, so stellt sich gleich bei der ersten Begegnung heraus, Erfinder. Jonas ist begeistert. Erst recht, als der freundliche alte Herr seiner Bitte entspricht und für ihn eine Sockensuchmaschine erfindet. Humorvoll erzählt Knister von den Tücken, die sich bei der Entwicklung dieser überaus nützlichen Maschine einstellen.

In der im letzten Kapitel vorgestellten 2. Klasse, in der behinderte und nicht behinderte Kinder gemeinsam unterrichtet wurden, trat das Problem auf, dass die Kinder bei gemeinsamen Projekten zu sehr unterschiedlichen Zeitpunkten ihre individuellen Arbeiten erledigt und fertigstellt hatten. Für die Phasen des offenen Unterrichts stellte sich in dieser Situation die Frage, wie wir den **differierenden Bedürfnissen** der Kinder in einer **Integrationsklasse** gerecht werden könnten.

Als am Ende des 2. Schuljahres einige Kinder noch intensiv an einem Projekt arbeiteten, hatten andere für sich bereits erschöpfend das Thema abgearbeitet. In dieser Situation griffen wir auf den Fundus der schuleigenen Klassensätze zurück und legten kommentarlos einen Stapel Bücher gleichen Titels in die Gesprächsecke. In diesem Fall war es die „Sockensuchmaschine“.

In der „Sockensuchmaschine“ lässt Knister für seine jungen Leser die Welt des Ausprobierens und Erfindens lebendig werden.

Materialkiste:

- **„Die Sockensuchmaschine“** von Knister (im Klassensatz)
- Werkzeuge und Materialien, die junge Erfinder benötigen (entsprechend der Fantasie der Kinder)
- einzelne Socken von allen Kindern der Schule
- eine Wäscheleine
- Buchdeckel, Buchbinderleim bzw. Ponal und Heftstreifen

Ein unbeteiligter Beobachter des Treibens während der Phasen des offenen Unterrichts wäre schnell zu dem Schluss gekommen: **„Lesen steckt an.“** Zunächst griffen die Leseratten unaufgefordert zu einem der Bücher, die in der Gesprächsecke auslagen, und begannen darin zu schmökern. Einzelne Kinder saßen in ihrem Buch versunken an unterschiedlichen Orten der Klasse und waren in ihre Lektüre vertieft. Sie ließen sich beim Lesen zu einer **Erfinderwerkstatt** anstiften, die von der Eigendynamik und dem Ideenreichtum der Kinder lebte. An den folgenden Tagen begannen sie die unterschiedlichsten Gegenstände mitzubringen: Schläuche, ein Kinderfahrrad, Trommeln, eine Gießkanne usw. usw. Diese scheinbar nicht zusammenhängenden Materialien übten eine große anziehende Wirkung auf alle aus. Gespräche unter den Kindern waren eine Art von Mund-zu-Mund Propaganda, die das Interesse an dem Buch täglich wachsen ließ. Als schließlich Luca eine riesige Tonne mit zur Schule brachte, war die Neugier bei allen geweckt. Die Lust zu lesen und zu erfinden steckte an.

„Was macht ihr denn da?“, wollten die Kinder wissen. „Wir bauen eine Sockensuchmaschine.“ „Eine Sockensuchmaschine? Was ist das?“

Wolfgang, der Zivi, las den behinderten Kindern und den schwächeren Lesern aus dem Buch vor, alle anderen ließen sich zum Lesen anstiften und vertieften sich selbst in ein Buch. Mit großem Vergnügen ließen sie sich in Knisters Erfinderwerkstatt entführen. Innerhalb kürzester Zeit glich unser Klassenraum mehr einer Metallwerkstatt als einer Schulklasse. Da es bald zu eng wurde, fasste der Klassenrat den Entschluss, die Sockensuchmaschine in der Pausenhalle aufzubauen. Bevor aber mit dem tatsächlichen Bau begonnen werden konnte, entwarfen alle Kinder Planungsskizzen. Danach galt es, in einer angeregten Diskussion, gut auf den anderen zu hören, sich abzustimmen und sich für einen gemeinsamen Entwurf zu entscheiden. Wichtig war, dass alle Kinder einige ihrer Vorstellungen in der Realisierungsphase in die Tat umsetzen konnten. Nur so konnten sich alle mit der Gemeinschaftsarbeit identifizieren und das Erlebnis des Knobelns, Ausprobierens und des „Erfindens" für sich selbst erfahrbar machen. Die Kinder merkten, dass ein großes **Gemeinschaftsprojekt** nur dann gelingen kann, wenn jeder bereit ist, zurückzustecken und auf die Stimme des anderen zu hören. In kleinen arbeitsteiligen Gruppen bauten die Kinder ihren individuellen Fähigkeiten entsprechend an der Sockensuchmaschine.

Kinder, die in dieser Zeit in der Klasse arbeiteten, dokumentierten auf eine ihnen angemessene Weise ihre Arbeit. Sie malten oder fertigten Notizen über den Verlauf der Arbeit an. Andere nutzten die Zeit und brachten weitere Ideen zu Papier. Konstruktionszeichnungen und schriftliche Ausführungen wurden angefertigt. Als die Arbeiten am Bau der Sockensuchmaschine abgeschlossen waren, setzten wir uns alle in die Pausenhalle zu einer **gemeinsamen Reflexion** über die Lektüre und die Arbeiten der letzten Wochen zusammen. Im Anschluss an das Gespräch griffen die zufriedenen jungen Erfinderinnen und Erfinder zu Papier und Bleistift. Sie fertigten Perspektiven von ihrem Werk an, die sie für das persönliche 2. Schuljahrbuch nutzen wollten.

Josi machte einen weiteren pragmatischen Vorschlag: „Wir können ein Schild aufhängen, dass die Sockensuchmaschine von allen Kindern der Schule die Socken sucht. Sie müssen dafür nur ihre einzelnen Socken mitbringen." Das war eine gute Idee. Schnell wurde aus einer Pappe eine Sprechblase ausgeschnitten und an der Sockensuchmaschine befestigt: „Suche Socken! Einzelsocken bitte in meinen Korb legen."

Tatsächlich ließen sich andere Kinder von diesem Appell ansprechen und füllten den bereitgestellten Korb, dessen Inhalt auf diese Weise täglich wuchs.

Mit dem **Bau der Sockensuchmaschine** war den Kindern der Integrationsklasse gelungen, viele Kinder der Schule für ihre Gemeinschaftsarbeit zu interessieren. Christian schlug vor, Knister von dem **selbst gesteuerten Projekt** der Klasse zu berichten. Wir beratschlagten, auf welche Weise dies geschehen könne. Mit Text und/oder Bild wollten alle dem Autor in einem persönlichen Brief über die Arbeit berichten.

Es bot sich an, zur Leistungs- und Zeitdifferenzierung einige Kinder mit der Arbeitsform der **Schreibkonferenzen** vertraut zu machen. Ich griff dabei auf Erfahrungen zurück, die ich in meinem letzten dritten und vierten Schuljahr gesammelt hatte. Gudrun Spitta stellt in ihrem Buch „Schreibkonferenzen in Klasse 3 und 4" eine Alternative zum herkömmlichen Aufsatzunterricht vor. Im Folgenden werde ich es kurz skizzieren.

Schreibkonferenzen:
Das an Schulen im englischen und amerikanischen Raum seit vielen Jahren erprobte Konzept geht von der folgenden Grundidee aus: **„Writing is Rewriting"** – „Schreiben heißt überarbeiten".

Dieser zentrale Aspekt ist für professionelle Schreiber eine Selbstverständlichkeit. Daraus folgernd, führt Spitta in ihren 3. Klassen die Arbeit mit Schreibkonferenzen ein. Anhand einer Manuskriptseite aus dem Buch „Fränze" von Peter Härtling macht sie deutlich, dass es für einen Kinderbuchautor selbstverständlich ist, seinen Text mit anderen zu besprechen, ihn wieder und wieder zu verwerfen, bis er letztlich in einer überarbeiteten Form veröffentlicht wird.

Hat ein Kind seine **Schreibidee** gefunden, **entwirft es seinen Text** und sucht sich anschließend drei bis vier Mitarbeiter für eine Schreibkonferenz. Die **eigentliche Schreibkonferenz** beginnt damit, dass das Autorenkind seinen Text vorliest. Spitta schreibt dazu, dass Kinder zum Schreibenlernen genauso auf Reaktionen aus der Außenwelt angewiesen sind wie beim Sprechenlernen. Sie benötigen Rückmeldung darüber, ob und wie die Zuhörer ihre Texte verstehen (vgl. Spitta „Schreibkonferenzen", S. 23 f.). Durch Nachfragen und Anmerkungen der Mitarbeiterkinder entsteht ein Gespräch und Nachdenken über die Art zu schreiben und treffende, zielgerichtete sprachliche Mittel. Bei ihrer Arbeit lassen sie sich von den zuvor besprochenen **„allgemeinen Schreibhinweisen"** leiten wie: das Finden einer interessanten Überschrift, wechselnde Satzanfänge, treffende Verben, Umstellproben, wörtliche Rede und ein eindeutiges Ende des Textes usw. (ebd. S. 50 f.). Nach der Schreibkonferenz **überarbeitet das Autorenkind seinen Text** (nicht zuletzt mit Hilfe eines Wörterbuches) und legt ihn dann der Lehrerin zur **Endredaktion** vor. Die Lehrerin fügt Schreibtipps hinzu, die beim letzten Überarbeiten berücksichtigt werden sollten. Danach beginnt für das Autorenkind **die Arbeit des sorgfältigen Abschreibens**, ohne die kein Text veröffentlicht werden kann. In der Veröffentlichungsstunde bzw. bei der **Autorenlesung** wird der fertige Text einem breiteren Publikum vorgestellt. Die Zuhörer würdigen die Arbeit des Autorenkindes mit Applaus und nehmen in einer **kritischen Aussprache** Stellung zum Vortrag des Autorenkindes.

Fazit aus der Anbahnung von Schreibkonferenzen in der 2. Klasse

Einige Kinder der Integrationsklasse machten sich unter meiner Anleitung daran, sich zu ersten kleinen Schreibkonferenzen zusammenzusetzen. In einer offenen, entspannten Lernatmosphäre ließen sie sich intensiv auf das neue Angebot ein und arbeiteten konzentriert. Der Werkstattunterricht bot viele Möglichkeiten, die Kinder auf der Grundlage ihres jeweiligen Entwicklungsstandes an diese Form des Schreibens heranzuführen. Auf die persönlichen Ergebnisse waren die jungen Autorinnen und Autoren mit Recht stolz. Ein **erster Schritt zum professionellen Schreiben** war getan, auch wenn die Arbeit, die in den Gruppen geleistet wurde, von unterschiedlicher Qualität war. Alle beteiligten Kinder hatten begriffen, dass ein Text überarbeitet werden muss, sorgfältig abgeschrieben sein sollte und keine Rechtschreibfehler enthalten darf.

So konnten die **Briefe an Knister** verschickt werden. Zum Abschluss der Arbeit band ich alle Texte der Kinder nach dem Lumbeckverfahren zu zwei Büchern. Ein Buch wollten wir für unsere Klassenbibliothek behalten, das zweite sollte den Autor der „Sockensuchmaschine" über unser Projekt informieren.

Nachdem das Päckchen zur Post gebracht worden war, warteten wir ungeduldig. Wir hatten Glück! Wir bekamen Antwort auf unsere Briefe.

Aktionen zum Buch:

- Alle Kinder bauen gemeinsam eine Sockensuchmaschine in der Pausenhalle.
- In Briefen an den Autor dokumentieren sie ihre Arbeit in der Erfinderwerkstatt.

11. Bücherfreunde binden eigene Bücher

Wie ich versucht habe den Kindern in meinen Klassen den Weg ins Land des Lesens zu ebnen, habe ich nun hinlänglich erläutert. Dass Bücher dabei von unschätzbarem Wert sind, erfahren die Kinder, indem sie Bücher lesen und schreiben. Unter Berücksichtigung des Aspektes „Lernen mit Kopf, Herz und Hand" erlernen sie darüber hinaus auch das Handwerk des Buchbindens. Kinder sind durchaus in der Lage, auf verschiedene Weise selbst Bücher herzustellen, wenn ihnen entsprechende Möglichkeiten eröffnet werden. Das **Lumbeck-Verfahren** ist eine traditionelle Form, die ich für besonders geeignet halte Bücher zu binden bzw. binden zu lassen. Mit anderen Verfahren habe ich in der Vergangenheit experimentiert, aber die Kinder liebten in der Regel diese Bücher nicht, weil es ihrer Meinung nach keine „richtigen" Bücher waren. „Das sind ja gar keine richtigen Bücher", protestierte eine 2. Klasse empört, als die Kinder am letzten Schultag die von den Eltern gebundenen Bücher in der Hand hielten. Nie mehr habe ich danach den Fehler gemacht ein vermeintlich weniger aufwendiges Verfahren zum Bücherbinden zu nutzen und die Kinder zu enttäuschen. Mit Recht wollen sie nach den Mühen eines ganzen Jahres ein richtiges Buch in der Hand halten.

Bevor die Kinder selbst lernten Bücher zu binden, lud ich eine **Expertin** ein, die der Klasse die Kunst dieses alten Handwerks näherbrachte. Sie sprach über die Bedeutung des Buches und versuchte, in den Kindern das Gefühl der Wertschätzung zu wecken. Ein Ausstellungstisch mit alten Büchern unterstrich dieses Anliegen. Wir tauschten uns aus, wie wichtig es ist, Texte und Informationen in einer angemessenen Form aufzubewahren. Bei einem **Besuch im Archiv** machten sich die Kinder mit dem alten Handwerk vor Ort vertraut. Der Archivar wies sie in seine Arbeit ein und zeigte ihnen, wie er nach dem Lumbeck-Verfahren Bücher bindet, die sich durch lange Haltbarkeit auszeichnen. In der Schule vollzogen die Kinder die einzelnen Schritte des Buchbindens selbst. Die offenen Arbeitsformen des Werkstattunterrichts ermöglichten, dass jedes Kind an einer Station mit einer Schülermutter ein kleines Buch band.

Für das erste themenbezogene eigene Buch hatten die Kinder Materialien zum Werkstattthema „Ich bin ich" gesammelt. Diese sollten nach dem Lumbeck-Verfahren gebunden werden und anschließend verschenkt werden.

Durch das Projekt **„Die Kunst des Buchbindens"** bekamen die Kinder die Chance, sich nicht nur in der Autorenrolle, sondern auch in der des Buchbinders bzw. der Buchbinderin zu erleben.

Alle **Schritte des Entstehungsprozesses** eines Produktes, in diesem Fall **eines Buches**, vollzogen die sieben- und achtjährigen Kinder in ersten Ansätzen handelnd selbst:

- ⇨ Am Anfang steht die **Schreibidee**.
- ⇨ **Materialien** müssen gesammelt, gesichtet und gelesen werden.
- ⇨ **Notizen** und **Aufzeichnungen** sind anzufertigen.
- ⇨ **Texte** werden verfasst.
- ⇨ **Phasen des Überarbeitens** schließen sich an.
- ⇨ Fertige **Texte** werden **sauber abgeschrieben**. Die Rechtschreibung ist dabei zu berücksichtigen.
- ⇨ Überlegungen zur **Gestaltung** sind zu treffen.
- ⇨ Alle **Arbeiten** müssen in einer jederzeit zugänglichen Form **archiviert** werden.
- ⇨ Gesammelte **Materialien** werden gesichtet und in einer entsprechenden Form **zusammengestellt**.
- ⇨ Nach Abschluss aller Vorarbeiten folgt das **Binden des eigenen Buches**.
- ⇨ **Lob** und **Anerkennung** der Leserinnen und Leser erlebt jeder Buchbinder als Belohnung für Mühen und Anstrengungen.

„Endlich lerne ich mal, wie man ein Buch bindet", entfuhr es Lion spontan. Er war mehrere Tage krank und hatte daher nicht mit den anderen sein erstes eigenes Buch binden können.

Die **Methode des Lumbeckens** ist ausgesprochen preiswert, ökologisch unbedenklich, sehr haltbar und leicht zu realisieren. Ich habe sie mir vor einigen Jahren von dem Moerser Stadtarchivar erklären lassen, der auf diese Weise wichtige Schriftsätze und alte Tageszeitungen in Buchform archiviert.

Die Bücher in meinen Klassen werden von vielen Kindern immer wieder gelesen und unterliegen somit zum Teil einer erheblichen Beanspruchung. Diesen Härtetest haben alle Klassenbücher ohne Mühe bestanden.

Materialien:

- ⇨ festes Tonpapier für die Buchdeckel
- ⇨ Ponal (statt des schwer erhältlichen Buchbinderleims)
- ⇨ Klebestreifen

Verfahren:

- ⇨ **Papier** mit Buchdeckeln **stoßen**, sodass die Seiten plan liegen.
- ⇨ In der Hand den **Buchrücken auffächern**. Der Buchrücken muss eine schräge Fläche ergeben.
- ⇨ **Ponal** (bzw. Buchbinderleim) auf dem Buchrücken sehr sorgfältig **verstreichen** und den **vorbereiteten Klebestreifen** am Buchrücken **ankleben**.
- ⇨ Erneut über den Buchrücken hin- und herstreichen und das Buch zum **Trocknen** über Nacht mit Gewichten beschweren. Viel Spaß!

Tipp

Ich schlage vor, anfangs mit einem Partner zu arbeiten und einen alten Lappen zum Fingerabwischen bereitzulegen. Bitte sorgfältig kontrollieren, dass auch wirklich der Buchrücken mit dem Leim bestrichen wird!

Bücherkiste:

Die im Folgenden aufgeführten Titel habe ich im ersten und zweiten Schuljahr im Unterricht bearbeitet. Kursiv gedruckte Bücher lagen im Klassensatz vor und wurden von den Kindern selbst still gelesen.

1. Balhorn, Heiko u.a.: **Die Regenbogen-Lesekiste**. Verlag für pädagogische Medien VPM. ISBN 3-923566-13-1
2. Bourgoing, Pascale de: **Das Ei**. Meyers kleine Kinderbibliothek. Bibliographisches Institut. 1991. ISBN 3-411-08441-3
3. Bröger, Achim: **Flockis Abenteuer**. Arena. 1993. ISBN 3-401-01901-5
4. Bröger, Achim: ***Mein 24. Dezember***. Arena. 1996. ISBN 3-401-04113-4
5. Bröger, Achim: **Nickel auf Piratenjagd**. Arena. 1995. ISBN 3-401-07458-X
6. Cole, Joanna und Wexler Jerome: ***Eine Hand voll Hund***. 1987 (leider vergriffen). Ersatzweise bietet sich an: **Robbin, Irving: Hunde. Was ist was?** Tessloff. 1994. ISBN 3-7886-0251-1
7. Egner, Thorbjörn: **Karius und Baktus**. Bertelsmann. 1996. ISBN 3-570-01694-3
8. Heine, Helme: **Das schönste Ei der Welt**. Sonderausgabe. Middelhauve. 1995. ISBN 3-7876-9248-7
9. Heine, Helme: **Der Superhase**. Middelhauve. 1999. ISBN 3-7876-9558-3
10. Heine, Helme: ***Freunde***. Sonderausgabe. Middelhauve. 1982. ISBN 3-7876-9268-1
11. Janosch: **Ich mach dich gesund, sagte der Bär**. Diogenes. 1998. ISBN 3-257-25103-3
12. Janosch: **Komm, wie finden einen Schatz**. Beltz. 1993. ISBN 3-407-80555-1
13. Janosch: **Oh, wie schön ist Panama**. Beltz. 1978. ISBN 3-407-80533-0
14. Janosch: **Post für den Tiger**. Beltz. 1980. ISBN 3-407-80572-1
15. Kent, Jack: ***Drachen gibt's doch gar nicht***. Ravensburger Buchverlag. 1996. ISBN 3-473-34034-0
16. Knister: **Die Sockensuchmaschine**. Arena. 1993. ISBN 3-401-04451-6
17. Knister: **Hexe Lilli bei den Piraten**. Arena. 1995. ISBN 3-401-04547-4
18. Lassahn, Bernhard; Klauke, Peter: ***Das will ich wissen: Piraten***. Arena. 1996. ISBN 3-401-04597-0
19. Lindgren, Astrid: **Der Drache mit den roten Augen**. Oetinger. 1986. ISBN 3-7891-6037-7
20. Lionni, Leo: **Frederick**. Middelhauve. 1967. ISBN 3-7876-9140-5.
21. Lobe, Mira: ***Das kleine Ich bin Ich***. Jungbrunnen-Verlag. 1972. ISBN 3-7026-4850-X

22. Maar, Paul: **Eine Woche voller Samstage**. Oetinger. 1973. ISBN 3-7891-1952-0
23. Michels, Tilde: ***Kleine Hasen werden groß***. Arena.1996. ISBN 3-401-07181-5
24. Nöstlinger, Christine: **Weihnachtsgeschichten vom Franz**. Oetinger. 1997. ISBN 3-7891-0524-4
25. Petri, Peter: **Käpt´n Blaubär: Seemannsgarn**. Ehapa. 1997. ISBN 3-7704-2220-1
26. Pfister, Marcus: **Biber Boris**. Nord-Süd-Verlag. 1988. ISBN 3-314-00307-2
27. Pfister, Marcus: **Der Regenbogenfisch**. Nord-Süd-Verlag. 1996. ISBN 3-314-00733-7
28. Pfister, Marcus: **Der Weihnachtsstern**. Nord-Süd-Verlag. 1997. ISBN 3-314-00843-0
29. Pfister, Marcus: **Pinguin Pit**. Nord-Süd-Verlag. 1997. ISBN 3-314-00789-2
30. Ruck-Pauquèt, Gina: **Eine Hand voll Katze** (leider vergriffen). Ersatzweise bietet sich an: Bachhausen, Ruth; Krautmann, Milada: **Das will ich wissen: Katzen**. Arena. 1995. ISBN 3-401-04552-0
31. Schubert, Ingrid und Dieter: **Irma hat so große Füße**. Sauerländer. 1986. ISBN 3-7941-2773-0
32. Sís, Peter: **Der Sternenbote: Galileo Galilei**. Hanser. 1996. ISBN 3-446-18689-1

Kinderlieder:

- Vahle, Frederik: **Frederik Vahles Katzen-Tatzen-Tanz-Fest.** Mit „Anne Kaffeekanne" und anderen Bewegungsliedern. Patmos. 1997. CD: ISBN 3-491-88750-X Kassette: ISBN 3-491-87004-6
- Vahle, Frederik: **Anne-Kaffeekanne-Liederbuch.** Lieder zum Singen, Spielen und Tanzen. Igel-Records. ISBN 3-89353-020-7 CD: ISBN 3-491-88610-4 Kassette: ISBN 3-491-83880-0

Kinderzeitschrift:

- Arbeitsgemeinschaft Jugend und Bildung e.V.: **Mücki und Max. Die pfiffige Zeitschrift für Kinder**. Universum Verlagsanstalt. 65175 Wiesbaden. ISSN 0940-8495. (Erscheinungsweise: monatlich)

Literaturangaben:

1. Bambach, Heide: **Erfundene Geschichten erzählen es richtig**. Libelle-Verlag. 1993. ISBN 3-909081-65-7
2. Bartnitzky, Horst; Christiani, Reinhold (Hrsg.): **Die Fundgrube für Freie Arbeit**. Cornelsen Verlag Scriptor. 1998. ISBN 3-589-05043-8
3. Bartnitzky, Horst u.a.: **Differenzierte Diktate: Klassen 3 und 4, neue Rechtschreibung**. Cornelsen Verlag Scriptor. 1998. ISBN 3-589-05051-9
4. Bartnitzky, Horst; Bunk, Hans-Dieter: Kunterbunt: **Unser Sprachbuch für Klasse 2**. Klett. 1997. ISBN 3-12-241000-1
5. Beisbart, Ortwin; Eisenbeiß, Ulrich; Koß u.a. (Hrsg.): **Leseförderung und Leseerziehung**. Auer. 1993. ISBN 3-403-02286-2
6. Brügelmann, Hans (Hrsg.): **ABC und Schriftsprache: Rätsel für Kinder, Lehrer und Forscher**. Libelle Verlag. 1986. ISBN 3-922305-15-6
7. Brügelmann, Hans; Balhorn, Heiko (Hrsg.): **Schriftwelten im Klassenzimmer: Ideen und Erfahrungen aus der Praxis**. Libelle Verlag 1996. ISBN 3-909081-15-0
8. Faust-Siehl, Gabriele u.a. (Hrsg.): **Die Zukunft beginnt in der Grundschule**. Rowohlt TB. 1996. ISBN 3-499-60156-7
9. Goleman, Daniel: **Emotionale Intelligenz, EQ**. DTV. 1997. ISBN 3-423-36020-8
10. Haarmann, Dieter; Kalb, Peter (Hrsg.): **Grundschule 2000**. Beltz. 2000. ISBN 3-407-22100-2
11. Harmgarth, Friederike (Hrsg.): **Das Lesebarometer - Lesen und Umgang mit Büchern in Deutschland**. Bertelsmann-Stiftung. 1999. ISBN 3-89204-417-1
12. Heckt, Dietlinde: **Mädchenbücher kreativ lesen – auch mit Jungen. In: Praxis Grundschule,** Heft 1, 1999.
13. Hertlein, Margit: **Mind Mapping – Die kreative Arbeitstechnik**. Rowohlt TB. 1997. ISBN 3-499-60229-6
14. Kaiser, Astrid: Praxisbuch: **Handelnder Sachunterricht**. Schneider Verlag Hohengehren. 2000. ISBN 3-89676-274-5
15. Koitka, Christine (Hrsg.): **Freinet-Pädagogik**. Frankfurt. 1989
16. Krieg, Elisabeth (Hrsg.): **Hundert Welten entdecken**. Essen. 1993.
17. Landesinstitut für Schule und Weiterbildung: **So lernen Kinder Rechtschreiben**. Soest. 1996
18. Laun, Roland: **Freinet – 50 Jahre danach**. Heidelberg. 1993.
19. Niedersteberg, Ingrid: **Aufbau eines Grundwortschatzes: Klasse 1 und 2**. Cornelsen-Verlag Scriptor. 1983. (Nachdr. 1995. ISBN 3-589-05001-2)
20. Reichen, Jürgen: **Lesen durch Schreiben – Wie Kinder selbstgesteuert lesen Lernen**. Zürich. 1988.
21. Schlüter, Heike: **Eine Klassenbücherei entsteht. In: Praxis Grundschule,** Heft 6, 1997.
22. Spitta, Gudrun: **Kinder schreiben eigene Texte, Klasse 1 und 2**. Cornelsen-Verlag Scriptor. 1997. ISBN 3-589-05009-8
23. Spitta, Gudrun (Hrsg.): **Freies Schreiben – Eigene Wege gehen**. Libelle Verlag 1998. ISBN 3-909081-80-0
24. Weiden, Hildegard: **Sicher lesen und rechtschreiben**. Westermann. 1989. (Neue Rechtschreibung 1996. ISBN 3-14-162001-6)